プロトピアの時代に生き残る中小企業

経営者の条件

同友館

はじめに

「プロトピアの時代」、聞き慣れない言葉かもしれません。プロトピアという言葉は、米国のケヴィン・ケリーという編集者が『インターネットの次に来るもの～未来を決める12の法則～』（ＮＨＫ出版）の中で用いた造語です。理想郷（ユートピア）や暗黒郷（ディストピア）と対比する形で、「ある状態になっていく（becoming）」世界を指し、プロセスやプログレス（進歩）から由来すると説明されています。

プロトピアの特徴は、漸進的であるが変化が止まらない、未来に向かって常に動き続ける進化の世界だということです。毎日定期的にＯＳやアプリがアップデートされるように、自らを変え続ける世界、進化が止まらない世界がプロトピアであり、こうした世界に私たちは生きているのです。

筆者がこれからの時代を「プロトピアの時代」と呼ぶ理由は、こうした考え方を敷衍するものです。

私たちが生きる時代は、テクノロジーだけでなく、あらゆる面で進化が止まらない時代です。正も負も含めて様々な変化が起こります。その変化の振幅は大きく、洞察が難しい時代といえます。日々の生活の中では感じられないとしても、気がつくと「蓄積された変化」がビッグバン（大爆発）となって顕在化する、そんな時代です。こうした時代は既存のフレームワークが破壊され、前例踏襲が通じません。いままでの論理や勝ちパターンで経営を成功させることができないのです。

プロトピアの時代の中小企業は、幾つかの突破口（ブレークスルー）を手掛かりとして、自社をランクアップさせて生き抜く必要があるのです。本書は「プロトピアの時代」の困難を乗り越え、チャンスをものにしながら、大きく羽ばたく中小企業のためのヒントをまとめたものです。

筆者は、金融機関の営業担当として30余年に亘り、数多くの経営者と出会い、経営への想いや経営手法について勉強させていただきました。また、現在は中小企業の経営課題に正面から向き合い、適切なソリューションやサポートを提供する立場にあります。そういった意味で、中小企業の経営者の本質については誰よりも体と心で理解をしているつもりです。

大企業のサラリーマン社長とは違い、中小企業の社長は大半がオーナーであり、何かあっても「辞めて終わり」ということはありません。歴々と続くファミリー継承の重みを背負いながら順調な時は良いが、一旦悪循環に陥ると全てを失うリスクを抱えながら経営をしています。一方で、サラリーマン社長とは異なる自由度、オーナーとしての楽しみや遣り甲斐を持ちながら人生を謳歌する部分もあるでしょう。

こうした意味で、中小企業者と大企業の「経営者の条件」は異なるものだと考えています。すでに始まっている「プロトピアの時代」に中小企業の経営者が如何に生き残るか。永年経営者とともに歩んだ経験や、シンクタンク時代の研究の成果も活かして、生き残りのヒントを示めすことが本書の目的です。

本書の意義として、以下の三つをあげることができるでしょう。

ひとつは「時代認識に関する非対称性を解消する」ことです。プロトピアという時代の本質を中小企業の経営者が完全には理解できていないのではないかという疑問を筆者はもっています。私たちが生きる時代が激動の時代といっても、日々感じる変化は僅かなものです。置かれた環境によっては、明日も今日と変わらない日であるかのような錯覚を覚えます。

しかし、プロトピアの時代は確実に私たちを巻き込みながら大きな変化の潮流として顕れています。その変化の胎動や潮流に気づかないとすれば、どんなに立派な経営力を持っていたとしても、どんなに優れた財務体質の会社でも、未来永劫にわたって順調な経営ができるとは思えないのです。したがって、「プロトピアの時代」の本質、経営に与える影響をしっかりと共有することが必要です。

二つ目は「プロトピアの時代が中小企業の時代である」ということを知ってもらうことです。従来、中小企業は弱いものという前提で、様々な中小企業対策や政策が立てられて来ました。

もちろん、大企業に較べれば、脆弱な面や資源の制約が多いことは否定しません。しかし、近年は「大企業の混迷・停滞」に対する対策を打ったほうがよいのではないか、と思えるほどに大企業の課題は山積しています。むしろ中小企業が持つ組織構造などの特性がプロトピアの時代に適しているのです。いまこそ「中小企業の時代」だということを中小企業の経営者が認識して、自信を持ってこの時代の舵を切ってほしいのです。

そして、三つ目は「プロトピア時代を生き抜くための突破口（ブレークスルー）を示す」ことです。プロトピアという時代を認識し、中小企業という器（ヴィークル）の優位性を理解したうえで「未来をより良いものに変えるための具体的な取り組み」を始めてほしいのです。もちろん多くの中小企業が様々な経営課題に取り組み、奮闘している実態を理解しているつもりです。しかし、自社の経営課題を体系的に整理したうえで、戦略的に経営に取り組んでいる経営者はさほど多くないと感じています。だからこそ「プロトピアの時代に生き残る」ための突破口やヒントを体系的に示すことが必要だと考えたのです。

本書『経営者の条件～プロトピアの時代に生き残る中小企業～』では、中小企業を取り巻く経営環境と、その環境変化の本質を明らかにしつつ、中小企業の特性を活かした経営を如何に行うかを提言したいと思います。そういった意味で、本書が多くの中小企業の経営者の頭を整理するためのテキストとして活用され、日本の中小企業がさらにパワーアップすることを願っています。それが、停滞気味の日本経済を活性化し、中小企業発の多くのイノベーションや成長を生み出す契機になると信じるからです。

そして、より多くの中小企業経営をサポートし、事業戦略の実現に向けて共に汗をかくイネーブラーとして、筆者自身が中小企業とともに歩むという決意表明の書でもあるのです。

目次

目　次

第1章

経営の罠

平成という30年間が終りました。思い起こせば、平成という時代は激動の時代でした。バブル崩壊という日本経済を根本から揺るがし、金融機関の再生を図った出来事もありました。世界の金融システムを震撼させると同時に、金融テクノロジーの恐ろしさ、それに対する金融規制の在り方を知らしめたリーマンショックも記憶に新しいところです。また、グローバリズムの進展、IT技術の指数関数的な進展は、世界を革新しました。多国籍企業の展開により、多くの発展途上国やその国民が富を享受することになった一方で、先進国では貧富の格差が拡大し、米国のラストベルトに象徴されるような取り残された人々の不満が鬱積し、従来のエスタブリッシュメントとの対立が顕著になっています。こうした産業構造の変化は、移民として産業を支えてきた人々に対する怨嗟を生み、移民排斥の動きが欧米で活発化しています。

時代の寵児である米国トランプ大統領が登場したことも、時代の必然なのかもしれません。「現在の環境」や「現在の体制・システム」では、陽の目を見ることのできない人々が「既往のインフラを破壊できる人物」を求め、トランプ大統領は着実に公約を実施し、過去の枠組みを破壊し続けています。こうした動きは、同盟国の連帯を弱体化させ、問題解決が簡単にはできない、従来の解決メカニズムがワークしない世界を作り出しました。

GAFAに代表されるIT系多国籍企業は、国家を超えビッグデータを操り、独自のプラットフォームを形成して、わが世の春を謳歌しています。国家はこうした企業と、税や情報管理の問題で大きな対立を余儀なくされています。GAFAが、企業経営者の目指す理想像か?と

図１－１　労働生産性の推移

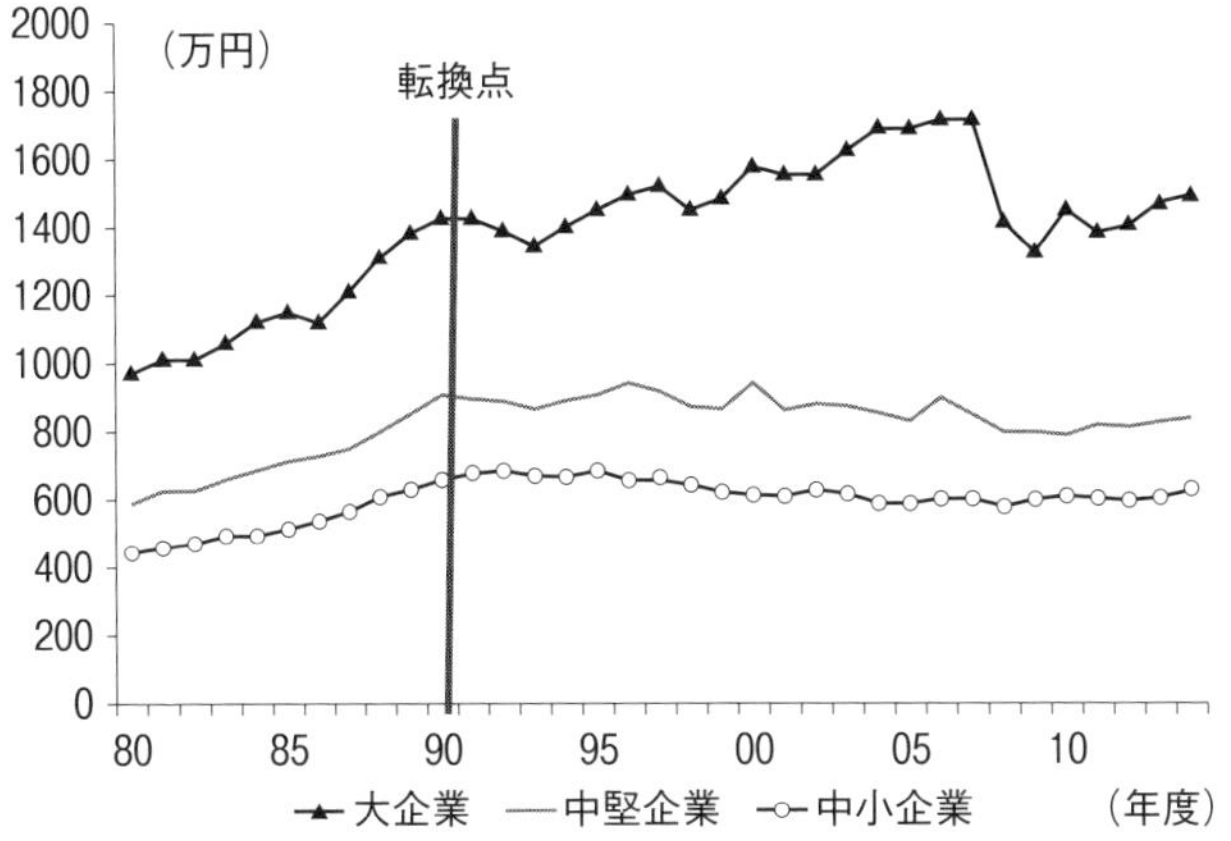

（資料）「中小企業財務　年次観測（2015年度実績）」（商工中金）

言われると疑問符もつきます。イノベーションによって新たなビジネスモデルを作り上げ、独占的な利益体制を作り上げている彼らではありますが、前記のような国家との軋轢、情報漏洩や情報の独り占めに対する批判など社会から厳しい眼で見られている側面も否定できません。

　こうした中で、平成の30年間は「日本の中小企業」にとってどんな時代だったのでしょうか。

「労働生産性の推移」（図１－１）が、ひとつの答えになると考えています。労働生産性とは、社員一人あたりの付加価値額です。難しく考えず「社員一人あたりの利益額」と考えてもよいでしょう。平成の〝とば口〟までは、大企業・中小企業を問わず、労働生産性は右肩上がりで推移していました。しかし、平成に入ると中小企業の労働生産性は停滞し、その状態が近年まで続いてい

図1－2　総債務償還年数の推移

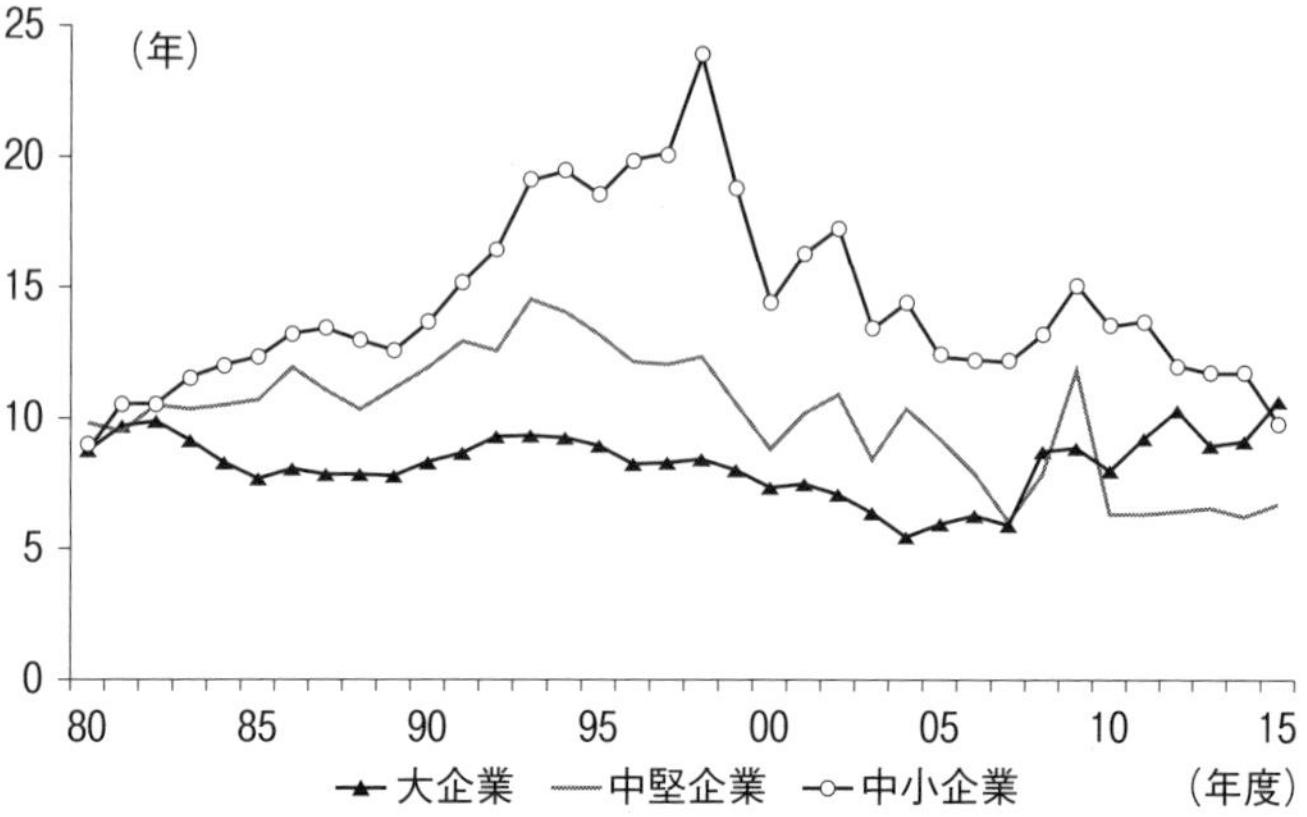

（注）　総債務償還年数＝（短期借入金＋長期借入金＋社債）÷キャッシュフロー
　　　　キャッシュフロー＝経常利益÷2＋減価償却費（特別含む）－配当金（中間配当含む）－役員賞与

（資料）「中小企業財務　年次観測（2015年度実績）」（商工中金）

ます。まさに「停滞の30年」といってよいでしょう。言い換えると、中小企業は「効率的に収益性を高める仕事」が手についていなかったということです。

それでは、その間中小企業は何をしていたのでしょうか。これも次の資料（図1－2、1－3）を見ていただけると分かると思います。一言で言えば「過去の清算と体力増強に努めた30年」ということです。「総債務償還年数」は、いまある借金を何年で返せるかという指標です。バブル崩壊前に25年近くあった借金は年々減少して10年余りになっています。逆に、自己資本比率は年々高まり30％を超える水準に来ています。バブル崩壊後の金融システム立て直しのために作られた金融庁検査マニュアルが金融機関の「貸し渋り」を誘発し、金融機

図1－3　自己資本比率の推移

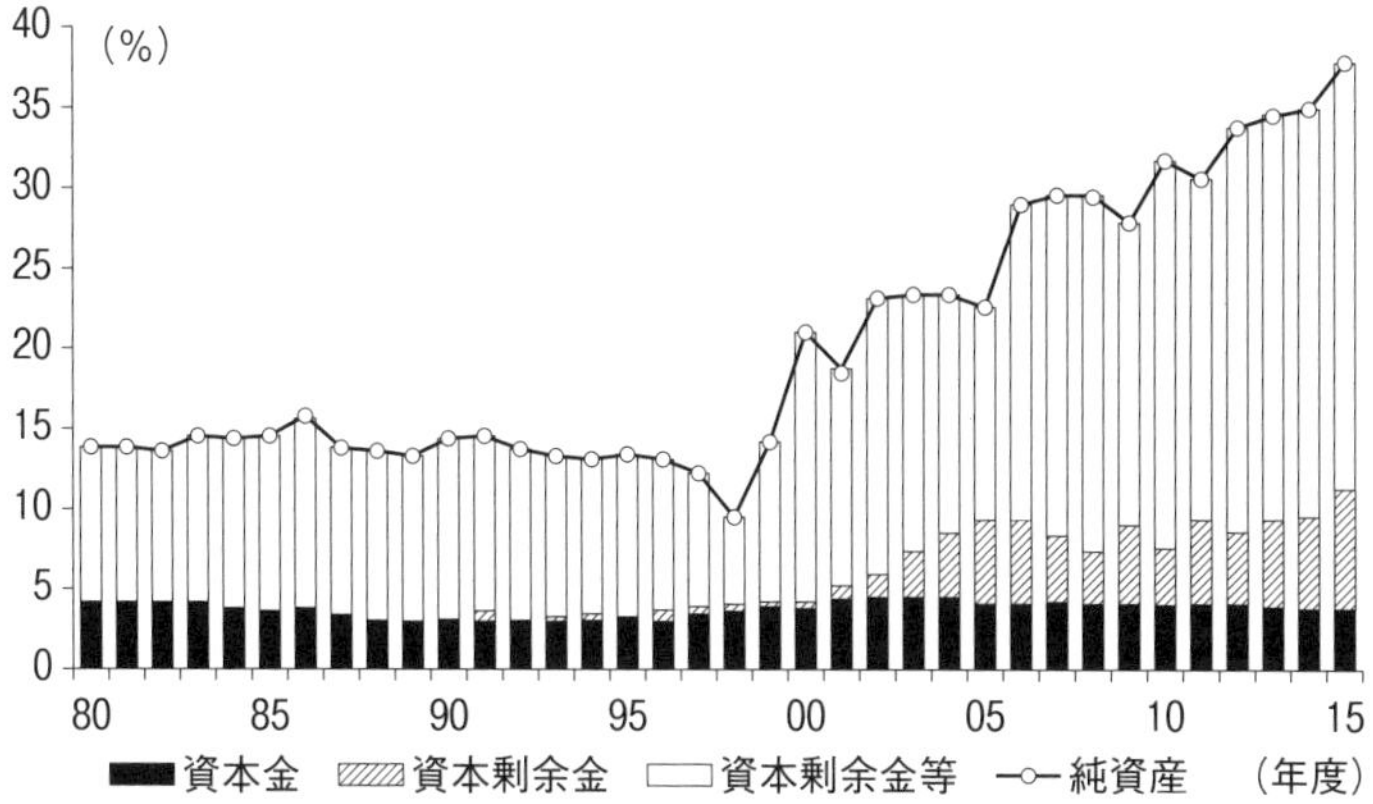

（資料）　財務省「法人企業統計年報」

関を頼りにできなくなった中小企業は財務改善に目覚め、膨れ上がったバランスシートの圧縮に注力したということが実態だと思われます。

その後は、リーマンショックや東日本大震災などの大きな出来事もあり、デフレ経済も相俟って「新たな投資を行って付加価値向上を図る」といった攻めの方向に向かい難かったと考えられます。まずは「生き残り競争」を勝ち抜くため、財務体質の強化に努め、経費節減で「価格低下（デフレ環境）」に耐えたということが平均的な中小企業の姿だと思います。

平成も終盤に入ると「成長戦略」といった言葉が盛んになります。安倍政権の三本の矢で有名になりましたが、デフレ経済を脱却し、新たな局面を拓くためには「成長戦略」が不可欠な要素だとされたのです。同時に、グローバリズムの進展が、

図1－4　設備投資対減価償却費の推移

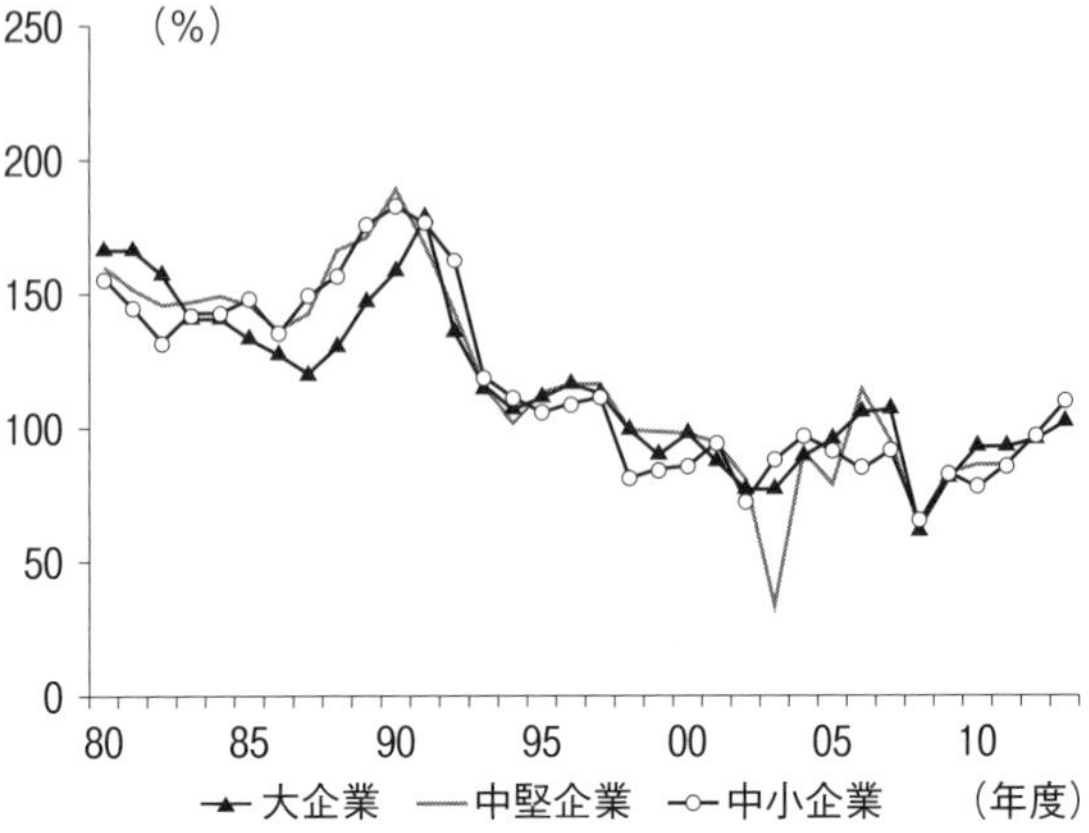

（注）　減価償却費は特別減価償却費を含む
（資料）「中小企業財務　年次観測（2015年度実績）」（商工中金）

製造業を中心に生産拠点の海外展開を促しました。中国を中心に、タイやベトナム、そして東南アジア各国へ中小企業が進出を図りました。

それでは、中小企業全体が「成長戦略」に向かって舵を切ったかというと、まだまだ内向きな姿勢、防衛的な姿勢も見え隠れしているように見えます。良心的にいえば「力を蓄えつつ、挑戦の機会を待っている」とも言えましょうし、悪く言えば「挑戦に臆病な待ちの姿勢にある」とも言えましょう。

実際「設備投資」という側面を見れば、投資額は減価償却の範囲内で推移しており、労働装備率も横這いです（図1－4、1－5）。収益性を高めるためには何らかの投資が必要でしょう。もちろん設備投資以外の要素もあります。しかし、設備投資の状況を見れば多くの中小企業が挑戦モードには入っていないように思える

図１－５　労働装備率の推移

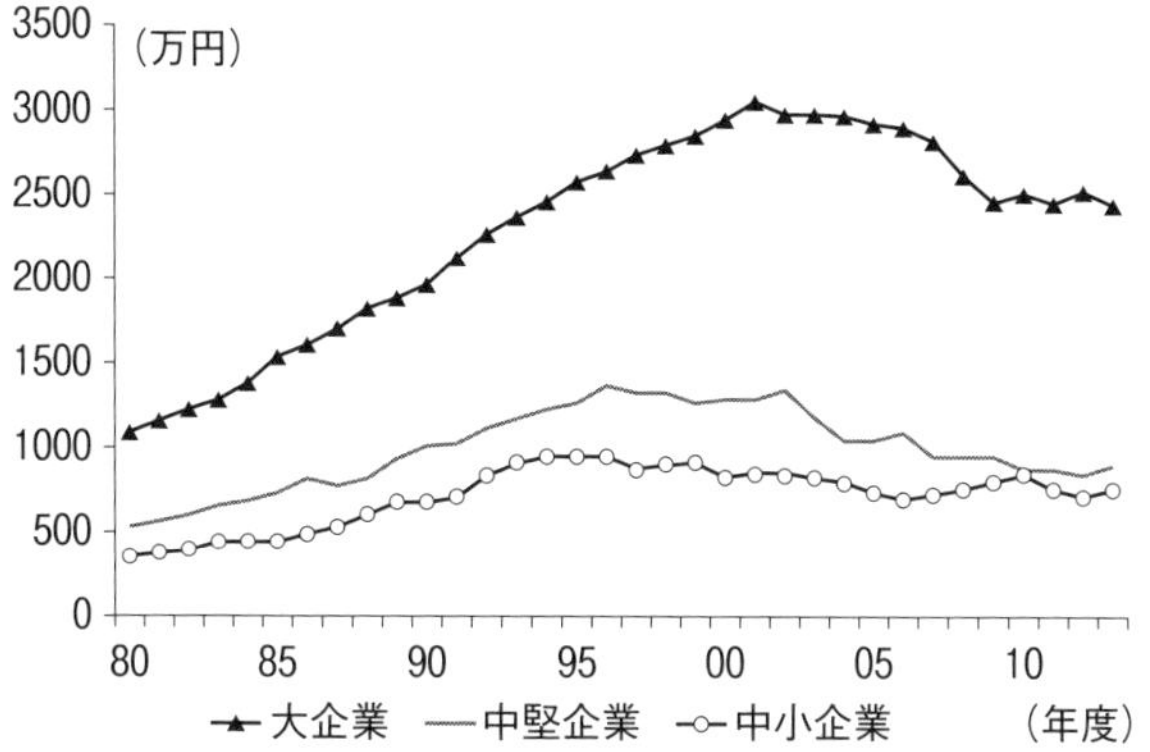

（注）　労働装備率＝従業員１人当り有形固定資産で、建設仮勘定除く有形固定資産期首・期末平均÷期中平均従業員数で計算
（資料）「中小企業財務　年次観測（2015年度実績）」（商工中金）

図１－６　倒産件数の推移

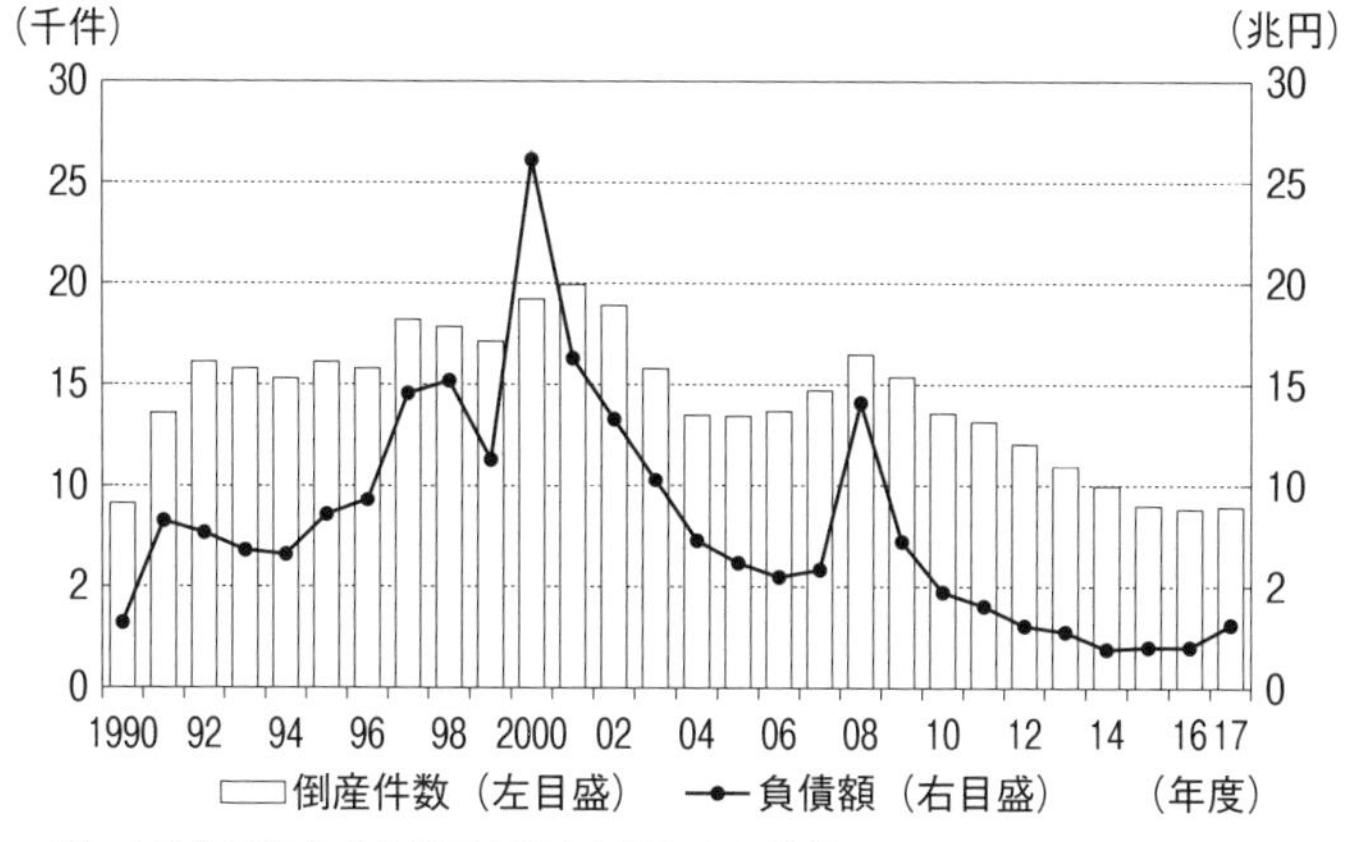

一財）企業共済協会「企業倒産調査年報」から抜粋

のです。

前述した体力増強、財務体質の継続的な改善という姿勢は定着したようで、近年の倒産件数（図1－6）は右肩下がりです。長いデフレ経済、停滞経済のなかで第一段階の選別が終了し、いまはひとときの平穏を謳歌しているように見えます。

しかし、筆者には懸念があります。倒産企業の右肩下がりと反比例するかのように「経営の罠」に嵌る中小企業の数が実際には増えているのではないかという心配です。実際に倒産件数も底打ちし、人手不足倒産が出たとか、破綻懸念先の数が増えているのではないか、といった話が聞かれます。倒産といったハードランディングには至らないまでも、「経営の罠」に嵌り込んでプロトピアの時代を乗り切ることが出来ない中小企業も増えているように思うのです。

ここでは、幾つかの「経営の罠」のパターンを紹介したいと思います。これらの罠は、金融機関の支店長として10年以上現場で経営者と向き合った経験と、私なりの研究から導き出したものです。読者である中小企業の皆さんが、これらの罠に嵌っていないことを願うばかりです。

【経営の罠】

（事例1）現場遊離型経営

A社は業歴90年を数え、中興の祖とされる現会長が今日の規模や財務体質を築き上げた。3年前に長男である現社長に事業承継を行ったが、会長は変らず毎日出勤し詳細な指示を続けている。
社長は営業現場や工場などを廻り、業界のトレンドが確実に変化していることを感じている。何とか改革を進めたいと願っているものの、功成り名を遂げた会長は現場の状況や空気の変化を理解することなく、過去の成功体験をベースとした経営を強く主張している。

「現場遊離型」は、優良企業と言われる会社に少なくありません。収益性も高く財務内容も優良であり、「文句のつけようもない」状況で外部からの進言も難しい場合が多いのです。

前記事例のように、代替わりした社長が頑張っているのですが、会長がなお実権を握っているため現場の実態を経営に反映させたくても「一言で片づけられてしまう」場合が多く、新しい風を経営に取り込むことができない。言わば「中興の祖」が「老害」となりつつあるのです。

経営で重要なことは「現場」をしっかり把握することです。環境の変化を感じ、スピーディーに対応することです。成功体験が大きく、その勝ちパターンが染みついているために、新しい手法や取り組みに否定的になる場合が多いのです。こういった場合、すぐにどうこうなることはないかもしれませんが、中長期的に見れば「ズレ」が拡がってマイナス影響が大きくなるのです。

前記の事例では、会長が体調を崩したため社長が名目ともに実権を握ることができ、改革の歩を進めることができましたが、健在であれば事態はより複雑になったかもしれません。

〈事例2〉 職人気質型経営

B社の社長は、現場一筋で今日を築き上げた技術系で職人気質の強いタイプ。一日中工場にいることが多く、設備投資も積極的に行っている。

金融環境が超緩和的な現在は、設備投資というと銀行も飛びついて融資を行うため、次から次へと最新の機械を導入している。ただ、導入後の稼働率や投資回収に対する検証は十分なされていないため、借入金は漸増し、財務が徐々に悪化している。誰も忠告できないため、将来的な不安要素が増えている。

製造業において「職人肌」の経営者は少なくありません。創業当時から職人として機械油にまみれながら工場に常在し、現場や技術を大切に生きて来た経営者は尊敬に値します。こうした職人肌の経営者のなかには「機械好き」も多く、最新の産業機械が出ると欲しくてたまらなくなり、投資計画もそこそこに機械を買ってしまうことがあります。肝心の資金は、金融機関がいくらでも用意するので次から次へと投資が実施されることになります。

借入の方法も「金利重視」で投資回収期間や償却期間を考慮せずに、短い期間設定を行い最終返済にしわ寄せ（所謂テールへビー型）をしていますので、借り換え時に他の借入とまとめるなどすれば、借入対象も混在して、投資に対して対象融資が確実に返済されているのか管理できなくなります。

もちろん借入金全体をキャッシュフロー対比5年以内にするといった管理方法もあるでしょうが、投資と回収の明確化という意識が薄らぐ懸念があります。気がつくと、投資した機械の効果も分からないまま、借入金だけが膨らむということがあるのです。順回転で経営が廻っているときはよいのですが、不況時に大きな足枷となる可能性があります。何よりも「投資したら回収を確認する」という経営の基本動作が失われることが怖いのです。

前記の例では経営の悪化が進み、通常の返済ができない状況になってはじめて金融機関が動き出すという結果になりました。金融機関の姿勢も問題ですが、経営は自らが守るという観点からは「良い道具を欲しがる」という職人気質を補完する社内の経営体制や財務管理の在り方が必要だったといえるでしょう。

〈事例3〉夢追い型経営

C社が新進のＩＴ企業。社長はＩＴ企業の技術者として頭角を現して独自の技術をもって独立。この技術は大手企業からも注目され、商談の数は徐々に増えている。

一方社長は、財務管理は不得手で収支計画の策定など不十分で数字でリスクを管理したり、ステークホルダーに説明することには消極的。また、組織体制も整えられていないため、いつも混乱気味で銀行などへの資料提出は遅れ遅れとなって、信頼構築ができていない。

近時ＩＴ系企業など、若い挑戦的な経営者も増えて来ました。これはこれで結構なことではありますが、自らの技術と夢を追いすぎる結果、内部体制も整わないまま経営計画やリスク算定が十分検証されずに、事業に猛進している企業を見かけます。こうした若い企業は、資産背景も薄いので「悪い兆候」が出ると、金融機関の姿勢もあっという間に変わって資金繰りが追い付かなくなる場合があります。

また、経営改善を図ろうとする企業においても、改善施策だけを並べる経営者がいます。こういう施策を打つと会社の未来はこう変わるというのです。もちろん施策自体が間違っているとは言いませんが、その施策効果を金額や数字に置き換えて把握することが経営なのです。経営は最終的には結果なので、決算書に反映されない話をしても意味がないのです。

経営への効果やリスクの見積もりを行うことが「経営の要諦」です。同様に、組織がバランスよく円滑に動くように内部体制を整えることが必要です。アニマルスピリットは、経営者に不可欠の資質ですが、経営のスキルも高めることが大事なのです。

本事例では、メインバンクがＯＢ人材を管理本部長として派遣することで、組織の整備を進め、財務的な管理体制を強化することで、経営の両輪が機能し業績も好転し大事に至らずに済みました。

（事例４）他責型経営

Ｄ社は経営戦略の失敗から業績が悪化し、経営改善が必要な状況。ところが、銀行団のアドバイスに「貸し込んだ銀行の責任」として反発を強める一方で、自らの殻にとじこもってしまって改善に全く着手できない状況のまま時間を空費している。

長い間経営を見てきましたが、誤解を恐れずに言うとすれば「自省できない経営者」は一番ダメな経営者だと思います。逆に「経営で生じた結果はすべて自分の判断の結果だと受け入れられる経営者」は、業績が悪化しても立て直すことができます。それは、結果を「心から腹に落とし込める」からです。そうなれば、後は自らが考え行動するだけです。良い知恵も浮かび、金融機関などの支援者も現れるはずです。

一方で「こんな金を貸したから設備過剰で苦しんでいる」と、設備投資の失敗を銀行の責任にしている経営者が立ち直るケースは極めて少ないと思います。結果を受け入れない以上、迷路から脱出する力も気力も出てこないはずです。再起は自らの反省と決意が前提になるのです。

苦境期の経営者を見れば本当の姿が見える、という言葉は真実だと思います。

筆者は東日本大震災の直後に「仙台支店」の責任者として被災地の復興に携わりました。そのなかでいつも感じたことは「天は自ら助くる者を助く」ということです。震災は経営の失敗ではなく、心や頭の整理に時間が必要な試練そのものです。そんななかでも、結果を受け入れ自らの決意と才覚で動き出した企業の復興は早いのです。いわんや「自らの経営の失敗」であれば、他人を責めるのではなく、自らが結果を受け入れ、良いアドバイスや助言はプライドを捨てても受け入れて、会社の未来を良くすることだけを考えて行動することが大事なのです。

前記の例では、経営者は頑迷で最後の最後まで姿勢は変わらず、ハードランディングをせざるを得ない結果となりました。

〈事例5〉現状満足型経営

E社は毎期売上50億円、経常利益5億円を確実にたたき出す優良企業。優良なビジネスモデルを築いた結果、安定した業績をあげているものの「未来への投資」はほとんど行われていない。社長も問題意識は持っているが、社内的にも好調な業績を背景として危機感が醸成されておらず、先取りの一歩が踏み出せていない。

バブル崩壊を機に財務体質を強化し、収益構造の改善を図った中小企業は数多く存在します。過当競争構造も何度かの振り落としによって改善が進み、前記のような高収益体質を築いた企業は我が世の春を謳歌していることでしょう。

ローカル経済圏において、こうした企業は「名士」という位置づけになり居心地も良く、新たなライバル企業も現れなければ危機感を持ちにくいことは仕方がないことかもしれません。しかし、プロトピアの時代は、これまで経験したスピード感や変化の大きさとは異なる状況になります。これまで築き上げた成功モデルが通じない可能性を秘めています。

そういった意味で、好調で財務体質が安定している状況においてこそ、新たな取り組みを始める必要があるのです。こうした一歩を踏み出すためには、経営者自身の強い危機感が必要です。こうした危機感は既往の環境から生まれることは少ないはずです。今迄とは異なるような経営サークルに参加するとか、新進企業の経営を覗いてみるとか、環境を変えて「居心地の悪さ」を味わうことも必要なのです。

同様に、社員の意識改革も不可欠です。中小企業とはいえ同じ環境にいれば同質化は避けられませんし、内向きな姿勢になることは世の習いです。他企業との交流、経営セミナーなどへの参加など「外に目を向ける」「時代の潮流を理解する」ための方策を打つことが必要です。

前記E社では、社長が月2回東京での経営勉強会に参加することで自らの意識を変え、イノベーションを生むための3年計画と称して、コンサルタントの力も借りて社内の体制整備や事業戦略の再構築の取り組みを開始しています。成果はまだこれからですが、間違いなく改革の一歩は踏み出しました。

（事例6）事業承継不十分型経営

F社の社長は65歳だが健康そのもの。事業意欲も旺盛で「あと20年は社長をやる」と公言しており、事業承継の準備は行っていない。取引金融機関からのアドバイスもあるが、「まだ早い」の一点張り。幹部社員などは、こうした事態に漠然とした不安を抱いている。

G社は自社株の整理など行い、長男に社長を譲って形式的な事業承継は行ったが、社長の意識も経営スキルともに不十分で営業接待と称して夜な夜な繁華街に繰り出している。社内ではこうした行為が問題視されてはいるものの、社長に対して意見する者もなく会長も積極的に指導する様子もない。社内では徐々にストレスが蓄積している。

事業承継に関して問題を抱える中小企業は相当な数に上ります。

この問題の本質は、大概の場合「喫緊の課題」として認識されないことにあります。人はいつ死ぬか分かりません。しかし、多くの人は「明日も当たり前にやってくる」と信じて疑わないのです。経営者も例外ではありません。それが、元気に活躍している経営者ほど「自分の死」ということを想定した経営を想起できないのです。F社の事例はその典型です。

経営者自身は死んでしまえば終わりで済みますが、残された社員はそうは行きません。また、多くの取引先や取引先金融機関も同様でしょう。つまり事業承継を考えることは、経営者自身の根本的な責任であり、社員や周辺に対する愛情の形でもあるのです。自分の死ぬ時期は決められないが、引退する時期や引き継ぐ方法を決めることはできるのです。

また、G社の事例も散見されます。事業承継というと「株の移譲」「経営権（議決権）の移譲」といった側面だけを考える経営者がいます。しかし、事業を継続していくためには「自社株の承継」「資産の承継」だけでは足りないのです。一番大事なことは「次世代の経営者を育てる」ということです。

せっかく資産対策や税対策を行ったとしても、経営できる人に経営権が移らなければ意味がないのです。かつ経営者の育成は時間が必要です。ある調査によれば、5年から10年は必要と考える経営者が大半です。したがって、次世代の経営者の意識改革や育成こそが最も早急に対策しなければいけないことです。


前記のF社の事例では、腹心の専務が社長が師と仰ぐ経営者に事情を説明し動いてもらうことで、事業承継のスタートを切ることができました。頑迷な経営者に対しては「スイッチを入れられる人」を探すことが早道のようです。

また、G社の事例では今も苦労が続いています。外部コンサルタントの活用や取引銀行からの働き掛けもあるようですが、外部だけでは限界もあります。やはり被承継者である会長自らが今からでも意識改革や教育を施す以外に方法はないと思います。

さて、ここまで6つの事例を通して「経営の罠」を感じていただきました。

ここでお示しした経営の罠は、すぐさま倒産に至るといった「墓穴」のような大きな罠ではないかもしれません。しかし、浅い穴であっても放置すれば致命的な問題を惹起する懸念があると考えています。最近の新聞報道でも、破綻懸念先が一時の1・7倍に増加したという話がありました。人口減少による市場の縮小は確実に進行していますし、団塊の世代の大量退職と景気回復が相俟って人手不足は顕著となっています。ITの進展や様々な先進的技術の発達は、革新的なビジネスモデルを生んで、一夜にしてゲームチェンジを図る可能性を秘めています。確実に「経営の罠」は増えているのです。

こうした環境変化にも関わらず、旧来のビジネスモデルを後生大事にして、前例踏襲の対応をしていたのでは、いつかはゲームオーバーという最悪の結果を招く可能性があります。中小企業の経営者は適温環境に甘えることなく、もう一度時代認識を新たにして自らが進む経営の針路を明確にする必要があるのです。

そういった意味で、ひとつのサクセスストーリーを紹介して本章を終わることとします。

H社はローカル経済圏に在するスーパーマーケットです。会長が創業し不屈の精神で事業を拡大し、30店舗を超える規模まで拡大させました。会長は事業承継の準備も怠ることなく、長男に社長を移譲し自らは代表権も返上し、名誉職として会社には残っていますが基本的な経営は社長に任せています。社長自身も立場に甘えることなく、自ら勉強の場を求め独自のネットワーク（経営者のつながりの場）を組成しながら、自らを磨いています。そして経営に真摯に向き合い、経営課題を整理しながら幾つかの「突破口（ブレークスルー）」へ挑戦を続けています。

プロトピアの時代は、経営者の力量差が明確になる時代です。多くの経営の罠が待ち構えているなかで、それらを避け「突破口（ブレークスルー）」に挑戦しながら未来を切り拓く経営者が生き残る時代なのです。次章以降で、プロトピアの時代の本質を理解していただき、中小企業の強みを活かした経営を行うための経営者像を順々に説明していきたいと思います。

第2章

プロトピア時代の到来、そしてその本質

冒頭説明した通り、「プロトピアの時代」は変化のスピードが速く、その振幅も大きい「止まることのない世界」です。まずは、現在起こっている幾つかの事象を例に「プロトピアの時代」を感じていただくことにしましょう。

1 プロトピア時代の到来

①縮小かつ複雑化した世界地図

グローバリズムと光と影。これはプロトピアの時代を象徴する事象です。

経済面では、サプライチェーンの世界的展開があります。製造業は、より低廉な労働力を求め世界地図の中から適地適産の場所を見つけてきました。この結果、先進国の消費者は低廉な価格で商品を手にすることができます。一方、工場が作られた新興国では新たな雇用が生まれ、労働者の所得が向上しました。世界規模でみれば「富の分配」「富の公平性」が進んだともいえます。しかし影の面もあります。工場の海外移転で先進国の労働者は雇用を失い、あるいは新興国の賃金水準と比較される結果、賃金が抑制される傾向にあります。価格競争力を保持するために労働者にシワ寄せが行ったともいえるでしょう。

こうした動きが、実質賃金の低下を招きデフレ経済の原因になっています。米国トランプ大統領を誕生させた〝ラストベルト〟の労働者の怨嗟には、グローバル化で巨利を得る経営層・

エリート層への反感と、今後の生活が見通せない不安があるのです。

欧州の移民問題も同じ側面があります。元々は、人手不足対応やその国の労働者が嫌がるような仕事の担い手として「安い労働コスト」もあって歓迎されました。しかし、産業構造の変化や景気変動の要因から失業率が高まると、「仕事を奪われた」と感じた労働者の怒りが移民に向けられたのです。ＥＵという壮大な自由経済の枠組みのなかで労働者の移動も自由になり、経済連携が深まるほど「何か起こった場合」の問題も複雑かつ大きくなって解決を難しくしているのです。

政治問題は経済以上に複雑です。かつての米ソ冷戦時代の対立構造はシンプルでした。「米ソ」というしっかりとしたリーダーが存在しており、対立陣営同士の経済交流もほとんどないため、経済を道具に問題がこじれることもありませんでした。相互の陣営の軍拡が行き過ぎると、親分同士（米ソ）の話し合いで問題解決を図り、同盟国はそれに従うという問題解決のメカニズムが機能していたのです。

翻って現在はどうでしょう。米国はＮＡＴＯに代表される西側同盟国に対して「ただ乗り（フリーライダー）」と敵視して、連携を弱める動きを見せています。まずは徹底して自国の利益を考え、世界全体の秩序を振り返ろうとしません。また、新冷戦といわれる米中の経済関係も複雑です。その貿易取引額は莫大で、簡単に「やめる」とはお互いに言えない状況です。経済面では〝敵国〟同士のメリットが存在するのです。このように、同盟国間の価値感が多様化する一方で、敵国同士の経済連携は深まるなど、明確なリーダーや陣営の結束が見えにくくなっており、問題が発生した場合の明確な「解決メカニズム」が見つからない状況です。国連という問題解決手段も空回りしています。

ＥＵでは「英国の離脱（ブリグジット）問題」が生じていますが、独仏を〝中心〟国とすれば、半周縁、周縁と中心円から遠ざかるほどＥＵへの求心力が弱まるようです。また、ＥＵのリーダーである独仏においてもポピュリズムの台頭が既往政治基盤を揺るがしています。英国のブリグジットが失敗すれば、英国の失墜に止まらずＥＵ全体に大きな影を残すことになるでしょう。

経済連携の深化は疑いようのないもので、世界中の国が網の目のように経済関係を構築しています。その一方で、政治や民族・宗教の対立は深まり、様々な問題が複雑化する一方です。そして、問題解決のメカニズムが働かない状況となっているのです。

②ＩＴの指数関数的な進化

シンギュラリティ（技術的特異点）という言葉に象徴されるように、ＩＴの進化が人間の智を超える時代が来ることを疑う人は少ないのではないでしょうか。

ＩＴは「賢さ」に向かって進化を続けているように見えます。あらゆる機能が人間の機能を代替し、高度化するように発達しています。ＩｏＴ、ビッグデータ、ＡＩ、クラウド、分散台帳、生体認証、ＡＲ／ＶＲ／ＭＲ、５Ｇ、ドローン、ロボティクス……、ＩＴ技術は「入口」からインターフェース、通信、処理、蓄積、そして「出口」とそれぞれの箇所で大きな進化を見せています。

こうした技術を使い、新たなビッグプレイヤーが絶え間なく登場しています。ＧＡＦＡといわれるデジタルジャイアンツはその典型です。こうしたプレイヤーは既往市場を創造的に破壊し、新たな市場を構築しています。ＩＴの進化がビジネスに革新をもたらし加速させているのです。

この流れは止まることがありません。ビジネスシーンに登場するあらゆるプレイヤーが、好むと好まざるとに関わらずＩＴの進化から逃れることができない状況にあります。ＩＴの利活用の差が経営力の差になって現れる時代であり、ＩＴを経営にどのように取り入れるかは経営の大きなテーマとなっているのです。

したがって、ＩＴを知らない、理解しようとしない経営者がいる会社は、成長の上限値を課せられているようなものです。同時に社員のＩＴリテラシーを高めることも成長の必須条件といえましょう。日本の中小企業のＩＴ活用が進まない背景には「社内にＩＴ人材がいない」という声があります。経営者がＩＴを理解し、ＩＴを活用しようと思えば、まずはＩＴ人材の育成が急務ということになります。

③国内の少子高齢化と人口減少

世界規模でみれば人口は増加しています。しかし、日本を筆頭に多くの先進国で「少子高齢化」と「人口減少」が問題となっています。プロトピアの時代を象徴する「正と負の両面」を持つ問題が、人口問題だと思います。

負の側面を見れば、こうした質と量の人口動態の変化は市場を変え、既存のインフラを破壊します。典型的な事例としてローカル経済圏の内需産業の縮小が想定されます。いわゆる商店街では来客数が減少し、馴染みのお客様も高齢化して嗜好や購買量に変化が生まれます。新規顧客を作ろうにも地域の人口は減り、域内通貨は減る一方です。

人口減少は、税収にも影響を与えます。納税額は減少し、行政サービスの縮小は必然となります。年金や社会保険の問題も同様です。制度を維持するための人口構成が変化しているにも関わらず、従前と同じサービス水準を維持することは不可能です。税収の減少は地方の財政を縮小させ、行政サービスを変えざるを得ません。当然公共事業などを含めて、地域の中小企業に与える影響も少なくないでしょう。

労働力不足の問題はさらに顕在化しています。生産労働人口の減少は確実であり、高齢者層を含めた「新生産労働人口」をみても減少トレンドに歯止めがかかりません。政府は外国人労働者の新たな活用について法制化を進めていますが、成長著しいアジアにおいて労働者の奪い合いが始まっており、人手不足問題は簡単に解決できる問題ではないのです。

[正誤表]

本書に下記の通り間違いがありましたので、お詫びして訂正いたします。

奥付部分

誤　©著者　青木　剛

発行者　脇坂康弘

正　©著者　青木　剛

編集協力　一般財団法人　商工総合研究所

発行者　脇坂康弘

図２－１　都道府県の2025年の人口増減予測（2010年対比）

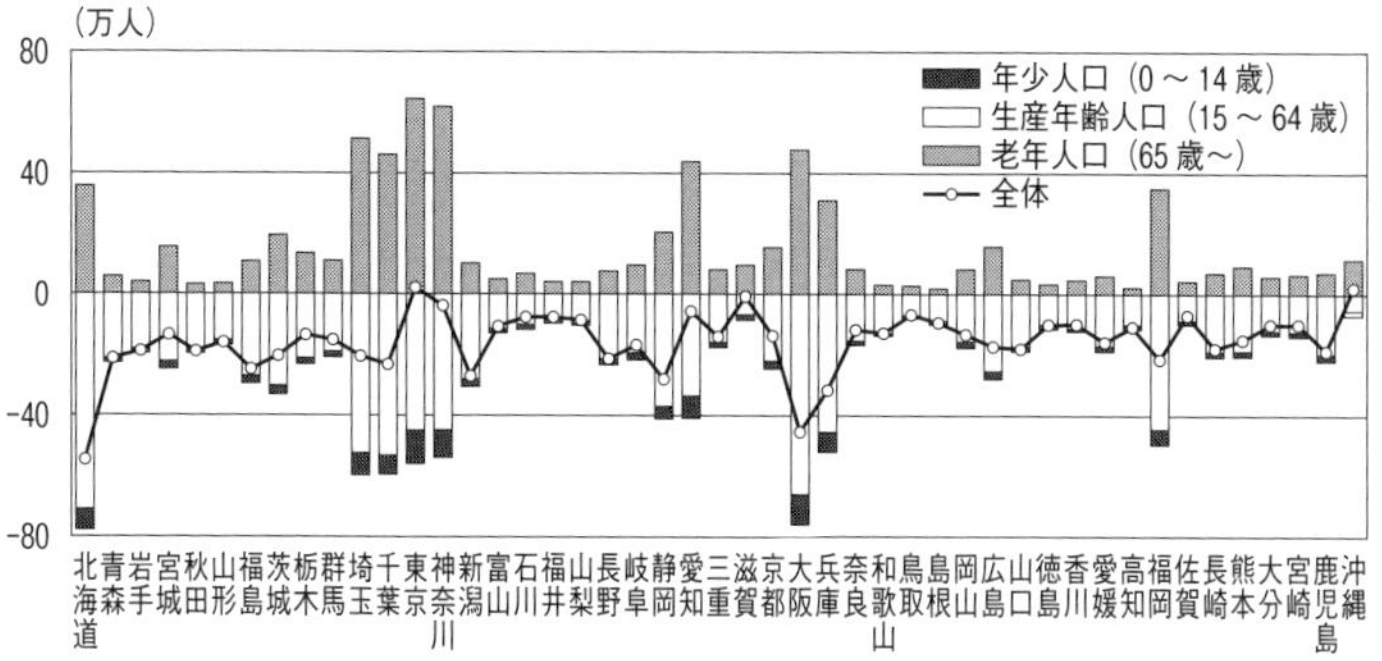

（資料）　総務省「国勢調査」、国立社会保障・人口問題研究所

社会保障改革は一向に成果をあげられず、消費動向にも大きな影響を与えていると考えざるを得ません。従来の前提では成り立たない状況が確実に迫っており、大きな痛みに晒される前に小さな痛みを甘受する覚悟が必要です（小さな痛みで済むかは疑問ですが）。人口オーナス（重荷）の負の側面をあげれば枚挙に暇がありません。

一方、これらの問題に関する正の側面もあると考えています。それは人智を働かせ、これらの問題を乗り越える過程で、様々な「技術の革新（イノベーション）」や人間のより良い「生き方・働き方」を見出すことができるということです。プロトピアの時代は漸進的ではあっても「良い方向」に向かうとケヴィン・ケリーも言っています。この大きな負の問題を乗り越えた時に、日本は大きなレベルアップを果たしているはずです。

④国連サミットで決議された「SDG's」

ここまで幾つかのプロトピア時代を象徴するような事

象や問題を見てきましたが、それらを統合するようなテーマが「SDG's（エスディジーズ）」です。SDG'sは「持続可能な開発目標」と訳され、17のゴールと169のターゲットが設定されています。2030年を解決の時期と定めて政府に限らず、民間企業や市民のパートナーシップに期待する取り組みでもあります。SDG'sが世界の問題全てを網羅しているとはいえませんが、プロトピアの時代に山積している問題を象徴するものであり、漸進的改善を図るための〝具体的な取り組みのヒント集〟といえるかもしれません。

17のゴールのうちの一つ、「働きがいも経済成長も」というゴールに対するターゲットを見ると「高付加価値セクターや労働集約型セクターに重点を置くことなどにより、多様化、技術向上及びイノベーションを通じた高いレベルの経済生産性を達成する」「生産活動や適切な雇用創出、起業、創造性及びイノベーションを支援する開発重視型の政策を促進するとともに、金融サービスへのアクセス改善などを通じて中小零細企業の設立や成長を奨励する」「2030年までに、雇用創出、地方の文化振興・産品販促につながる持続可能な観光業を促進するための政策を立案し実施する」といった内容になっています。

これらは、中小企業の経営計画や方針にも十分組み込める内容です。また、環境ビジネスなど、社会の課題解決は新たなビジネスチャンスにも成りえます。SDG'sはプロトピアの時代に生きる経営者にとって自社のビジネスとの関わりをしっかり検証すべき課題だと思います

2　時代の本質

さて、ここまで幾つかの事象をもとに「プロトピアの時代」を感じていただきましたが、これらから導き出される含意、すなわち「時代の本質」は何かを考えてみたいと思います。

プロトピアの時代の本質を考えるとき、以下のキーワードが明らかになります。

①既存のフレームワークや仕組みを破壊する力が働く
②ＩＴの進化は「賢さ（スマート）」「個人（カスタマイズ）」に向かう
③SDG's に象徴される世界的課題が山積し、社会に役立つ問題解決がビジネスに直結する
④あらゆる面で国家のコントロールが難しくなる
⑤正と負の振幅が大きく、時代や潮流を洞察することが難しく、感性や着眼点が重要になる

①既存のフレームワークや仕組みを破壊する力が働く

テクノロジーの発達は既存の技術を凌駕し、創造的な破壊をもたらします。

典型はアマゾンなどのｅコマースです。従来の小売りは「同時性」、すなわち買い手と売り手が同じ場所と時間を共有して行われてきました。しかし、ＩＴ技術の発達はスマートフォンを小売店に変えてしまいました。自分の都合の良い時間、良い場所でスマホから商品を見て購

入することが可能になりました。しかも現金は不要です。配達・受け取りだけが同時性を残していますが、これも宅配ボックスなどの環境整備により解消の端緒につきました。

これらは既存の小売店にとって大きな問題です。店舗・店員・在庫というコストを抱えて、商圏というエリア的制約を受けながらのビジネスモデルが破壊されつつあるのです。もちろん利用者の拡がりに一定の時間を要することや、デジタル難民といったスマホを活用できない人々もいますので、完全に小売業を制圧することは難しいとは思いますが、オールドビジネスに大きな脅威を与えていることは間違いありません。

アマゾンの破壊は、ēコマースに止まりません。リアルの店舗においても「無人店舗」という仕組みを始めています。スマホをかざして店舗に入れば、商品を選んで持ち帰るだけ。決裁も電子決済です。スーパーなどで感じるレジ待ち時間といったストレスから解放され、買い物時間も大きく短縮されるでしょう。

こうした創造的な破壊が、あらゆる業界で展開される可能性があるのです。ＢｔｏＢの世界でも顧客接点といわれた営業マンがいなくなる日が来るかもしれません。少なくとも御用聞きといったレベルの顧客接点であればＩＴに代替される可能性が高いはずです。ＢｔｏＢにおける「同時性」を必要とする営業は、付加価値の高い課題解決型のものに限定されるようになると思います。

既存のフレームワークを破壊するのは「技術の発達」だけではありません。日本における人口の減少や構成の変化は市場を変え、旧来の制度を破壊します。社会保障制度はその典型でしょう。従来の支え手や受け手の数が変われば、サービスの水準も変えざるを得ません。当然行政サービスも変質せざるを得ないはずです。従来行政で行われたサービスは改編され、廃止または民間に移行されるものも増えると思います。あるいはＩＴを活用した行政サービスも増えるはずです。

このように、あらゆる分野において従来の想定で作られた制度やフレームワークが変わらざるを得ないのです。多くの環境変化が「既往の前提」を破壊します。これがプロトピア時代の本質です。したがって、経営者は「現在を前提」とした考え方を捨てる必要があります。前例踏襲が続かない、常に「未来から逆算」する、未来志向の考え方を持つ必要があります。

②ＩＴの進化は「賢さ」「個人」に向かう

ＩＴの指数関数的な進化の方向は「賢さ（スマート）」を目指します。イメージしやすいところでは、スマートハウス＝「家」があげられます。住人がより快適に安全に住むことができるような環境整備を、ＩＴの力で実現するということです。寒い日であれば「帰宅時間の一定前に暖房が始まる」とか、音声によって「点灯・消灯」ができる。冬のウィルスが流行する時期は「部屋の湿度を高めに維持」する。就寝時には、自動的に「全部の窓が施錠」され「防犯カメラ」が作動する。こんな具合です。人手を介することなく、家そのものが賢く住人の生活を快適なものにしてくれるのです。

さらにＩＴは、個人に焦点を当てます。カスタマイズの時代です。その個人の考え方や嗜好にあった情報やモノが自動的に提供されるようにＩＴがスクリーニングをしてくれる。現実にスマートフォンではリコメンデーション（推奨機能）が発揮されて、アマゾンなどを見ていると自然に「あなたに合ったもの」が推奨されて来ます。ＩＴの進化は、一人一人に適合した環境整備を実現するのです。「自分だけのために」といった商品提供や情報提供が当たり前のように行われる世界です。

ビジネスシーンでは、更に急激かつ大胆な革新が進むでしょう。デジタル経営の進化により、新たなビジネスモデルの展開、現在のビジネスモデルの核心といったことがスピーディーに展開されるはずです。ＩＴの本質は、高速でデータの収集・分析・処理が人手を介さずにできることです。この本質が仕事のプロセスを変え、顧客接点の高度化を実現します。さらにはビッグデータの活用が、様々な発見や着眼を産んで、新たなビジネスを創造することになります。

こうしたＩＴの進化が経営に与える本質は「ビジネスが根本から変わる」「ＩＴの利活用の差が成長の差につながる」といったことです。プロトピア時代の経営者は、破壊的な創造と闘うだけではなく、ＩＴを活用しながらビジネスの革新に挑戦する必要があるのです。

③社会に役立つ問題解決がビジネスに直結する

ここまで見てきたように、一国家や一企業では到底解決できないような問題が山積している時代が、プロトピアの時代です。この時代は、世界全体、人間全体を視野に入れた問題解決が必要になります。飢餓、教育、平等、衛生、こういった大きな問題に光があたるとき、「社会に役立つ」という観点は極めて重要になります。

ＧＡＦＡといわれるデジタルジャイアンツ企業は、デジタルプラットフォームを活用して多くの人に便益を与える一方で、賞賛以上の批判を受けることも増えています。租税回避的な姿勢、情報漏洩・情報独占の問題、一部のトップが莫大な富を独占する状況、合法だからといって尊敬されるとは限らないのです。むしろ社会的批判がビジネス自体を壊す可能性さえあります。

そんな中で、仙台市が「四方よし企業大賞」という中小企業向けの表彰制度を作りました。近江商人の「売り手よし」「買い手よし」「世間よし」に加えて「働き手よし」という4つのステークホルダーの満足を充足する考え方です。地域の発展や市民生活の向上に寄与する中小企業の取り組みを表彰するもので、こうした「社会に役立つ」という考え方と、自らのビジネスを適合していくことがますます求められる時代になるでしょう。

既往の市場が縮小し飽和するなかで、変化に適合するためには「社会の問題」に目を向ける必要があります。従来の器のなかだけでモノを見るのではなく、世界や社会全体の問題に目を向けることで自社の経営資源が活きる可能性があるのです。それが自社の市場を拡げ、新たな世界を切り開くことにもつながるでしょう。先ほど紹介したSDG'sはそうした社会問題、特に企業が取り組める問題を具体的なレベルで示したものといえます。プロトピアの時代は社会を意識し、社会に役立つという視点をもつことが従来以上に重要です。

④あらゆる面で国家のコントロールが難しくなる

現状でも「国家のコントロール」や「政策の立案と効果発揮」が難しいと感じます。前述のGAFAに対する課税もそうです。国家間の課税事情の差を巧みに活用しながら、合法的に節税を図る。パナマ文書で有名になったタックスヘイブン問題も一般市民から見れば虚しさを禁じえません。合法な事柄を安易に否定することはできませんが、本来的な納税義務の精神からは疑問も生まれます。

あらゆる国家にネットワークを張って、ビジネスの目的に適した場所（国家）において、国家間の制度の違いを活用し、その盲点を上手に仕組みとして構築している企業に対して、一国がコントロールできないのもある種当然のことです。

宗教・人種・民族といった問題も古くて新しい問題です。こうしたオールドイッシュにグローバリズムの進展や自国ファーストの動きが相俟って、問題をより複雑にしています。国家を分断するような思想や動きが顕著になる中で、企業も「国家とは何か」を考えざるを得ないような局面がこれから何度も訪れるはずです。米国では実際に企業の姿勢や思想を問うような局面が起きています。

そして、個人の価値感の多様化が国家のコントロールをさらに難しくしています。日本でも戦後から高度成長期に向かう時代は国民一般の価値感や境遇が同じであったことから、国家の政策がよくワークしました。戦争で皆が多くを失い、貧しさから豊かさへの道を追い求めていた時代。所得倍増計画といった言葉は、企業にとっても個人にとっても大きな目標として機能しました。しかし、経済的な豊かさを手にした現在、人々が求めるものは一様ではなくなりました。また、SNSの普及により個人と企業間の「情報の非対称性」も極めて少なくなり、世界で起こったことがすぐ分かる環境ができています。こうした中で、個人の価値感は多様化し、考え方も千差万別です。国家として簡単に共通の目標を設定することが困難な時代になりました。

こうした時代の企業経営には「洞察力」や「発信力」が必要になるでしょう。多様な価値感のなかで、マーケティングをしなければなりません。また、自らの信念や政策をどう国家や地域の行政に反映させ、連携していくかということも大きなテーマとなるはずです。国家のコントロールや政策反映が難しい時代には、企業の知恵やコラボする力が必要となるのです。ある意味で「連携の時代」ということができるでしょう。

⑤正と負の振幅が大きく、洞察が難しく感性や着眼点が重要になる

プロトピアの時代に、経営者は常に未来を見る必要があります。未来を見定め、逆算を行って経営の舵取りをする必要があります。一方で、あまりにも正と負の振幅が大きい時代ですから、「時代の潮流」や「時代の方向性」を見定めることが難しくなります。また、従来では想像できなかった事象も起こるので、柔らかな思考や拘らない見方を持たなければ、物事の本質を捉えられなくなるでしょう。

こうした時代だからこそビジネスチャンスも数多く訪れるでしょう。そんなときに、しっかりとした洞察力や行動力がなければビジネスチャンスをものにすることができないでしょう。筆者はビジネスに対する洞察力を示す小話として「流れてくる桃を川で拾う話」をします。川上に桃が流れていることを素早く発見して、川上で桃を拾うことができる経営者。桃が流れてくることを察知し、眼前で拾い上げる経営者。桃が流れてくることに気付かず、川下で漸く発見し追いかけて拾う経営者。そして、何も拾えない経営者。さらには、川上に桃が流れてくることは知っていて、敢えて拾わない経営者。流れてきたことさえ知らなかった経営者。皆さんはどのタイプの経営者でしょうか。

プロトピアの時代は、前述の通り洞察が難しい時代です。あまりにも多様で、あまりに複雑です。あまりに早く、しかし一見大きな流れは見えません。多くの事象が連関し、背反している。それがプロトピアの時代です。こんな時代に洞察力といわれても困る、そんな経営者の声

が聞こえてきそうです。しかし、こんな時代だからこそチャンスも多く、経営者として時代の趨勢や契機を見極める必要があるのです。

そのためには、「多様な着眼点」を持つことが必要です。先に述べた桃の例は、「桃を上手に拾うこと」ではなく、「桃との様々な関わり方を知ること」に重点があります。多くの人には黒と見えることが、ある人には白と見える。その白と見えたことがビジネスチャンスを拓き、時代に合った答えを作るのだと思います。

また、ＩＴを活用した「ビッグデータの分析」も重みを増すでしょう。人間の眼や頭では把握しきれない膨大な情報を解析してみることで、ある種のアルゴリズムを発見することができるかもしれません。従来の業界の常識とされたことが、ビッグデータの解析によって覆されることが増えると思います。こうした着眼点の多様化、ビッグデータの活用を通じて、最後は経営者の感覚、風を感じる感受性が問われるのだと思います。

ここまで「プロトピアの時代」の本質を考えてきました。皆さんはどう感じたでしょう。

プロトピアの時代に舵取りをする経営者は時代認識をしっかり持ったうえで思考し、活動しなければ生き残ることができません。どんなに優れた経営者であっても時代を正しく見定めることができなければ、正しい経営戦略も経営計画も立てることができないからです。

プロトピアの時代は経営者の本質を際立させる、経営者が問われる時代でもあるのです。

第3章

中小企業の強みが活きる時代

ここまでプロトピアの時代、そしてその本質について説明してきました。その感想も人それぞれでしょう。不安に駆られた人もいれば「やってやるぞ」とハートに火がついた人もいるかもしれません。本章では、プロトピアの時代を生き抜く経営者に重要なポイントをお伝えしたいと思います。

それは「プロトピアの時代は中小企業の強みが活きる時代」であるということです。中小企業の時代であるということを説明する前に、逆説的に「大企業が行き詰っている」理由について考えてみたいと思います。

昨今大企業の不祥事が止まりません。しかも、多方面においてです。データ偽装や改竄は珍しい話ではなくなりました。また、ガバナンスが機能していないのではないかという事件も多く批判が噴出しています。事件事故の類とは異なりますが、イノベーションや成長戦略への取り組みが不十分だという指摘も数多くあります。〝Japan as No.1〟と言われた優秀な日本の大企業の凋落はどこに原因があるのでしょうか?

1　大企業が行き詰っている理由

①意思決定の構造が多層で、大きな問題ほど部門間調整が必要となりスピード感が出にくい

グローバルな競争環境で、新興国を含めた様々なプレイヤーが躍動する世界においてビジネスの速さ、スピード感は不可欠な要素です。

しかし、多くの大企業はライン型組織で意思決定も多層構造にあります。ラインに7人の関係者がいれば7つの判子が必要になります。全員の意見が完全に一致していれば問題ありませんが、意見調整や稟議書の往復などで時間を要することが少なくありません。大きな案件になれば社内の委員会等で検討する必要も出てくるでしょうから、委員会の日程調整が必要になります。多層構造とはそういうことです。

また、全社的な判断、つまり全体最適を検討しなければならないような大きな問題については部門間調整が必要となる場合があります。一般の人は「全体最適の道を選択することが当然」と考えるかもしれませんが、そう単純な話ではありません。全体最適を選択する場合に、どこかの部門が不利益を被ることがあります。そこには多くの関係者や出世競争をしている幹部もいるでしょう。こうした関係者の意見や利益を調整することが必要です。こうした調整には時間がかかることが多く、スピード感を出すことが難しいのです。

②大企業ほど本社機能が強く「現場の意見や実態」が反映され難くなる

どの企業でも「本支店一体」とか、「本社と現場がひとつになって」といったお題目を掲げることが多い反面、それが実現している企業は本当に少ないのが実態だと思います。

その背景には、一人ひとりは弱い存在である〝サラリーマンの集団〟ということがあると思います。本社の社員は経営計画を背負って、株価や株主を背負って、その達成をコミットしています。その計画が下方に修正されれば株価は低下し、上層部の経営責任も問われることになります。何としても計画達成のために動かなければなりません。一方で業績をあげるのは本部ではなく現場です。したがって、計画達成のためには自ずと現場管理が強化され、ノルマや割当が絶対化される構造にあるのです。

現場の一線で働く社員は「その目標はどうやっても無理だ」と感じていても、現場の上層部は自らの進退や競争がかかっています。サラリーマン社会はきれいなピラミッド社会です。上司の意向に逆らうということは、自分自身の評価や出世まで賭けなければいけなくなる場合があります。どんなに現場が疲弊していたとしても、現場の実力では実現が難しいことが分かっていてもNOと声を上げにくいのです。品質偽装などはこうした背景で起きたのではないでしょうか。様々な制約のなかで目標達成の圧力がかかり、偽装という解決策しか見いだせなかったのだと思います。

本来は現場の実態や実力を見極めて、必要に応じてオペレーションを変える必要があったのです。極端な場合には、既存のビジネスモデルが成り立たなくなっている可能性もあるのです。そういった状態を無視して、現場に皺を寄せる経営が多くの不祥事を引き起こしたといえるでしょう。

そういった意味で「経営は常に現場にある」ことが必要なのです。「目標達成」出来たことが不思議の勝ちであることもあるのです。偶然が重なり、無理が重なって出来た数字なのかもしれません。逆に目標不達成が現場の不出来とは限らないということです。負けに不思議の負けはないという言葉の通り、オペレーションや手法、場合によってはビジネスモデル自体を見直す必要がある状況なのかもしれないのです。

大きな組織では、社内であってもお互いが本当の仲間と認識されない場合があります。お互いがお互いの立場を斟酌し、困っていることを我が事のように考えることができれば、このような不祥事は起きないはずです。本社から現場への一方通行の意思疎通の在り方、現場重視と言いながら現場を道具としか見ていない傲慢さ、こういった一つ一つが本社と現場の乖離を生み、様々な問題を惹起しているのです。

③失敗や異質が大嫌いで、挑戦の土壌が生まれにくい

日本の大企業からイノベーションが生まれにくくなっている。最近多くの有識者が指摘をしています。

日本の研究者や技術者が米国や中国のそれと比較して劣っているからイノベーションが生まれないとは直感的に思えないのです。むしろ才能が活かされ難い環境があると思います。

そのひとつが「失敗を受容できない組織体質」です。誰もがサラリーマン根性に染まった訳ではないでしょう。時にはエッジの立った意見具申を行うサラリーマンもいるはずです。しかし、意見具申のたびに「失敗したら責任とれるのか」「そんな変わったことをやって大丈夫か」といった上司の声に、いつしか挑戦のマインドが萎んでいくのではないでしょうか。

また、日本の大企業のエスタブリッシュメントは同質性を好みます。目立つ人間や変わった人間がいると「あいつはバランス感覚がない」「目立ちがり屋」といった評価になりがちです。むしろ上司の意向を上手に忖度し、上司の意向に沿って手際よく処理できる人間が優秀な人間として評価されることが多いように思います。つまり創造性のある人材、異質な人材が組織で活躍し難い環境があるのです。会議をすればするほど「平凡な結論に落ち着く」ことが一般的なことなのです。創造性を必要とするテーマで、皆がＯＫというようなアイディアに付加価値があるとは思えません。

そもそもイノベーションは多様な知見や着眼点から生まれます。「両利きの経営」といわれる「新しい知の探究」や「既存知の組み合わせや深堀り」を行ううえでも、従来とは違った着眼点や考え方が必要です。優等生ばかり集めたエスタブリッシュメントは同質性の塊であり、変わった意見や考え方が披歴されることは少ないと思います。

そういった意味で多様な人材を集め、失敗を恐れず挑戦することがイノベーションに不可欠な環境ではないでしょうか。エッジの立った意見をリスペクトできる土壌、挑戦する人や行動できる人を評価できる文化、こういったものが育たない限りイノベーションを生む日は遠いと思います。そして、そうした土壌や文化を変えるべき司令塔である経営者層が同質性の集団であれば、さらにその日は遠のくと思うのです。

④サラリーマンの集合体。社長でも5年後に責任を負えないので創造的破壊（改革）がしにくい

社長といえども所詮はサラリーマンです。余程の実力派でなければ「代わり」は存在するのです。また、派閥均衡の上にいる社長では、創造的破壊など相手を利する道具を与えるようなものです。

大企業においてもオーナー系の企業に思い切った政策を見ることができるように思います。そう簡単には地位が揺るがないだけの資本や歴史的背景、それらを含めた経営手腕のなかで創造的な破壊が実行できるのだと思います。日本の政治においても外交について指摘を受けることが多かったのが、総理大臣が1年毎に交代するので外国首脳から相手にされないということです。近年安倍総理が長期政権を樹立した結果、外交的には長期的な視点で解決しなければならない問題に対してもしっかりと対応されているように見えます。確かに1年で交代せざるを得ない状況では、まずは国内問題が優先され、外交どころではないというのが実態だと思います。

もちろん長期政権であれば必ず創造的破壊が出来るとは申しません。しかし、経営を行うにあたって思い切った改革を行うためには基盤も必要ですし、やり抜くための一定の年数も必要だと思います。優秀な経営者だと認定されれば、一定の時間を与えて長期的な視点で思い切った創造を行ってもらうことが企業価値を高めることにつながるのではないでしょうか。

⑤従業員の数も多く価値感も多様化するなかで、ベクトルを一本にまとめることが難しい

経営環境が激しく変わる世界においては、環境適合のためのスピード感が重要になります。組織にスピード感をもたらす要素には2つあると考えています。ひとつは経営者の決断力と実行力です。これは多くの経営者が首肯するはずです。早く決めて早く動く、が経営の極意です。

もうひとつの要素が従業員とのリレーションです。レジリアント（強靭）でスピードを持った組織とは、環境が急変したときに従業員一人一人が持つ力を同じベクトルに合わせて集中できる組織です。経営者がどんなに素晴らしい判断をして自らが行動したとしても、従業員がついてこなければ組織としては何の意味もないでしょう。社長と従業員の価値観がピタッと一致して、社長が振る旗を見て全員がその方向に動くということでなければスピード感は出ません。

近年多くの大企業がこうした問題に悩みを深めているはずです。

まずもって社員の考え方や価値観は本当に多様化しています。働き方はもちろん、人生の生き方、何を大事にするか等々、社員の意識は一人ひとり違います。また、権利意識も高いものがあります。無私の丁稚奉公などという価値観は皆無でしょう。こうした社員を同じベクトルに束ねるのは、本当に難しい仕事です。おそらく一人ひとりとじっくり向き合い、対話を重ねて理解を深める以外に方法はないと思います。余程のカリスマ社長の演説でも、長い時間効果を持たせることはできないと思います。

このように大企業では、多様化する価値観をもつ社員をまとめていくことに多くの労力をかける必要があります。人事制度や様々な労働環境の整備を含めて時間とコストのかかる仕事なのです。

以上が大企業が行き詰っている背景です。

もちろん大企業でもあっても前記のような問題点をクリアして、輝いている企業があることは承知しています。しかし、平均的な大企業の姿として皆さんも首肯いただけるのではないでしょうか。

変化が大きく、スピードが必要なプロトピアの時代。ＩＴ等のテクノロジーを活用して創造的な破壊やゲームチェンジが頻繁に起こりうる時代。価値感が多様化して商品やサービスのカスタマイズが重視される時代。このような時代には、スピードや革新、挑戦が不可欠です。

しかし、前述のような問題を抱える大企業が行き詰ることは致し方ないのかもしれません。大きな視点で言えば「無責任構造」になりがちなのが大企業なのです。ここまで申し上げれば、その反射光としてプロトピアの時代が「中小企業の強みが活きる時代」ということを理解していただけるのではないでしょうか。

2 プロトピアの時代は中小企業の時代

それでは、あらためて「プロトピアの時代が中小企業の時代」だといえる根拠を説明します。

①意思決定の速さ

中小企業の意思決定が早いのは、階層の問題や部門間の調整が大企業に比して少ないということだけでなく、オーナーシップの存在が大きいと思います。多くの中小企業が、経営者と主要株主が同一です。つまり、絶対的な経営責任をトップが負える構造があります。

これが意思決定のスピードに大きな影響を与えます。もちろん中小企業といっても中間層をごぼう抜きにして、社長に即相談というケースは少ないと思います。しかし、社長に相談すれば答えが出るという組織感覚は極めて重要で、問題が大きく複雑であればあるほどトップに早く相談しようという意識が働くはずです。

ビジネスで重要なことは「決断」であり、そこに「大きな付加価値」があります。プロトピアの時代はスピード感が要求される時代です。かつ、既往の前提が崩れている場合が多く、前例踏襲ではワークしなくなります。そういった時代には**「まずはやってみよう」というリスクを取った決断が活きる**のです。こうした意思決定は「オーナーシップをもったトップ」を抱える組織構造の特徴であり、決断力のあるオーナー社長であればスピード感を持った意思決定を行うことができるはずです。

②全体最適の視点

多くの人が「全体最適を考えるのは当たり前では？」と思われるかもしれませんが、大企業の社員であれば「結果として全体最適にならない」ケースが数多くあることを理解するはずです。

多くの中小企業がオーナーシップです。砕けた表現をすれば「竈の灰まで俺のもの」と考えるオーナーが経営しているのです。こういったオーナー社長が「部門間調整」に拘って、組織にとって曖昧かつ意味のない答えを出すはずがないのです。出した答えが正しいか間違っているかは結果論ですが、オーナー社長は常に「全体最適」を考えて経営をしています。要は、その決断が「会社にとって利益となるか」です。

この「会社にとって一番良い道を選択する」という、全体最適の視点はプロトピアの時代に必要なものです。前例踏襲が利かない、チャンスもあれば、ピンチもある、社会との共生も視野に入れる、このような時代にあって、全体最適の視点がなければ道を誤ってしまいます。常に高い視点、広い視野、深い洞察から会社にとって最良の手段を選ぶことが必要な時代であり、オーナーシップの中小企業に適した環境といえるのです。

③失敗の受容、挑戦の土壌

前例踏襲ではうまく行かないときに「まずはやってみて、試行錯誤をなるべく早く回転させて正解を導き出す」ということが王道です。

多様な価値感が渦巻くなかで、付加価値の大きいアイディアを得ようとするなら「尖ったアイディアに取り組む」ことも不可欠です。誰もが良いと考えるような着想では、大きな付加価値が生じえないからです。

このようにプロトピアの時代に、確かな付加価値を作り出そうとすれば、挑戦の土壌と失敗の受容が不可欠です。松下幸之助の「やってみなはれ」は、まさに挑戦を促し失敗を受容するもので、そういった繰り返しの中から付加価値の高い商品が生まれ、挑戦の土壌が育まれたと考えるべきです。

正と負の振幅が大きく、洞察の難しい時代には「挑戦」や「尖った着眼」は付加価値を生むために必須のアイテムです。「失敗したら責任が獲れるのか」といった高圧的で権威的な世界からは何も産むことはできないのです。
だからこそオーナーの決意次第で、新しい時代を切り拓く挑戦の土壌（失敗の受容）を作ることができるのです。中小企業の持つ特性が活きるのです。

④現場にいる

デジタル化、ＩＴ化が進展するなかで、リアル（現実社会）の重要性は従来以上に高まると思います。ビッグデータを活用するにしても、様々なＩＴ技術を活用するにしても、現場そのものが重要であることは疑う余地がありません。結局は人はリアルの中に生きるからです。ＩＴでアルゴリズムを見出すといっても、ＩＴのためではなく、リアルの世界のために作るのです。

中小企業の特性は「いつも現場にいる」ことです。鵜飼が魚を獲るのではありません。鵜が魚を獲るのです。現場から遠ざかるほど、手を汚さないほどリアルの世界で得るものはありません。「エリート」などと威張る時代ではありません。魚を獲る川底の状況、問題点、潮流などをしっかりと把握して、現場にいることを活かすのです。徹底的にリアルを追求し、現場に生きることが真実に近づく道なのです。

プロトピアの時代に重要なことは、現場から離れないこと。経営についても現場にいることが大事です。中小企業が従来以上に現場重視を徹底することで、現場とＩＴの融合についてもレバレッジが利くはずです。現場の技術や勘、手触り感や肌感覚とＩＴを相互交流することで、人間もＩＴも高度化することができるはずです。

⑤連携やネットワークの組成

進化や変化が早く、その振幅が大きい時代には「スピード感」が求められることは前述の通りです。ぐずぐずしていては、ステージが次の段階に移ってしまいます。また、商品やサービスの付加価値を高めるためには1社だけでなく「連携」が不可欠です。

もちろん1社で全てに対応できれば良いのですが、地域や業種の壁を超えてデータや問題意識を共有し、お互いの利点を合わせることで大きな付加価値を得られる場合が増えるはずです。新たな視点を生むためにもダイバーシティが重要です。会社が異なるだけで文化や考え方が違うものです。こうした異文化の連携がチャンスを生むのです。

しかし、一国一城の主同士が連携することは容易ではありません。上場企業のように、多くのステークホルダーを意識しながら「相手からメリットを獲ろう」とすれば簡単に話はまとまらないでしょう。中小企業の良さは「オーナーシップ」であり、オーナー同士が腹を割って信頼関係を作れるところです。また、資源の過不足も比較的明確ですから、補完し合うべき点も迷うことは少ないでしょう。

経営者個人のつながりが、新たな連携やネットワークを作ることができるという意味で、中小企業の強みが大いに活かせるのです。組織対組織ではなく、人間対人間が多くの困難を乗り越える力を与えてくれるのです。

以上がプロトピアの時代が中小企業の時代だという根拠です。

中小企業は政策上「弱いもの」として位置づけられ、様々な政策的支援を付与されることが多かったと思います。もちろん今後もそうした政策的配慮が必要ではあるでしょう。しかし、時代が中小企業を呼んでいる、中小企業の特性が活かせる時代だということを経営者の皆さんが強く認識する必要があるのです。それがプロトピアの時代に生き残る第一の条件です。

第4章

プロトピア時代に生き残る経営者像

それでは「プロトピアの時代」に生き残ることのできる中小企業経営者とはどんな人でしょうか。

ここまで見てきた通り、プロトピアの時代は中小企業の時代です。中小企業の経営者誰にでもチャンスがあるはずです。問題はその特長を活かせる資質と姿勢を合わせ持っているかです。本章では、プロトピアの時代に生き残るであろう5つのパターンを紹介したいと思います。

1 過去に囚われず、前例踏襲を良しとしない「未来志向の経営者」

プロトピアの時代は既往のフレームワークを維持できなくなります。技術革新を含めて創造的な破壊がビジネスシーンで数多く見られ、経験したことのない局面が眼前に現れます。

こんな状況で「いままではこうして来たから」「それは前例にない」といった考え方ではうまくいくはずがありません。「今まではいままで」「前例は前例」と過去に囚われない姿勢が必要です。前例踏襲が活きた時代もあります。それは「同じパターンが繰り返される時代」「安定した時代」です。むしろ「変えること」が不作法と思われた時代かもしれません。

しかし「昨日の論理」で成功を収められるほどプロトピアの時代は甘くないのです。新しいビジネスが加速し、創造的な破壊が進み、昨日の勝者が今日の勝者とは限らない世界です。こうした局面で生き残ることができるのは、過去にしがみ付くことなく「未来をより良いものに変えよう」とする経営者です。

未来志向とは「過去～現在～未来」という文脈のなかで底流にある本質を探し出し、未来をより良いものに変えようとする姿勢です。未来は突然現れるわけではありません。現在を過去が形作ったように、未来も現在の延長線上にあります。だからこそ時代の本質を見極めながら、これから起こる未来を考えることができるのです。もちろん人間は神様ではありません。全てを予知できる人間などいません。しかし、未来を見つめ思考する経営者と、そうでない経営者では間違いなく大きな差が生じるはずです。

未来志向の経営者は、現在を生きるために現在を見るわけではありません。未来を見るために現在を見るのです。そして未来から逆算して現在を見ます。３Ｄの見方ができるのです。視野の拡がりが違います。常に未来を予測しながら物事を思考し、より良い未来を作ろうとします。

未来を志向する経営者は時代を洞察します。いろいろな人と話をして、様々な情報を取ろうとするでしょう。書物やメディアに尋ねるでしょう。未来を見ようとする経営者は勉強せざるを得ないのです。多くの機会を捉えて、人々の考えを聞こうとするでしょう。

このように未来志向の経営者は、単純に過去を真似たり、過去の方法に拘泥することがありません。自らが常に新しい方法、時代に適合したビジネスモデルを考えます。変化が大きい時代に最も危険なことは、変化に慌てふためき、過去の成功体験に縛られることです。未来をより良いものにしたいとあらゆる方法にアプローチする未来志向の経営者は必ず生き残ることができるはずです。

2 異質を恐れず、多様性を尊重する「豊富な着眼点を持つ経営者」

高度成長期はある意味でシンプルな時代でした。戦争で全てを失いモノがない時代を乗り越え、三種の神器を手にするために働くといった同じ価値観で世の中が動きました。所得倍増計画が成り立ったのは、国民みんなが低所得で、所得が2倍になる余地があったからです。プロトピアの時代に同じ宣伝文句が通じるでしょうか。そもそも国民の置かれた状況が相当違いますし、価値感も多様化しています。

多様な価値観を持つ人々のいる世界。複雑なメカニズムや込み入った連携関係にある世界。貧富の格差も大きい世界。スマホが情報の非対称性を解消しつつ、一方で情報格差が偏在する世界。こうした時代に一律のモノの見方が通用するはずがありません。

カスタマージャーニーというマーケティング用語をご存知でしょうか。マーケティングの精度を高めるために典型的な顧客像（ペルソナ）を設定し、その人が製品を購入するまでの行動・思考・感情を時系列的に見える化する手法です。間違いなく必要な手法ですが、ペルソナの選定が非常に難しい時代です。それだけ価値観は多様化し、置かれた状況は区々になっています。

こうした多様な価値観、複雑な思考や心理で埋め尽くされた世界で生き残ろうとするならば「多様な見方」で物事を見る以外にありません。同じモノであっても、上から下から、横から縦から、様々な角度で見るということです。

もうひとつ大事なことは「いろいろな人の眼を活用する」ことです。社長が優れた眼力を持っているからといって、それが正解とは限らない世界です。様々な個性、様々な着眼点を活用することが不可欠です。社内でいえば「過去使い物にならなかった社員」でも、活用次第では大活躍してくれる可能性があります。異質な社員だからこそ見えるものもある。こうした人材の眼を活用することが必要な時代なのです。

同時に社外の人材にも目を向ける必要があります。異質とはいっても長い間同じ釜の飯を食べていれば、染まる部分はどうしても出てきます。社外の異質な眼を活用して「様々な発見」をしてもらうことです。そういった意味で、中小企業においても社外取締役の重要性が高まるはずです。もちろん「形式的な社外取締役」ではなく、多くの付加価値を与えてくれる社外取締役です。あるいは他社との連携も重要になるでしょう。特に異業種においては見方が全く違う場合があります。自社では役に立たない情報が、他社ではとんでもない価値を持つということがあるのです。同様に、他社から多くの着眼点を与えられることもあるはずです。

プロトピアの時代に生き残る経営者のひとつが、多様性をもった見方ができる経営者であり、モノの本質を確実に捉えることのできる経営者です。そして、多面的な見方ができるような体制作りをすることも生き残りのために必要なことです。

3　挑戦を恐れず失敗を受け入れることのできる「アニマルスピリット型経営者」——

前例踏襲が通用しない時代、経営は手探りの領域が増えるはずです。見えない世界を手探りで歩こうとすれば必ず怪我をします。怪我を嫌がって立ち止まってしまえば問題は解決できません。ビジネスも止まったままで停滞します。

プロトピアの時代は経営者の勇気が試される時代です。変化を恐れて立ちすくむのか、怪我を恐れず試行錯誤を繰り返して答えを探すのか。結論は明らかです。失敗を嫌がり挑戦を避ける「無責任構造」のなかではイノベーションなど生まれるはずがありません。「100やれば97は失敗するぜ」といった大らかさや寛容さが必要なのです。

加えて、この「試行錯誤の戦い」は崖を背にした絶体絶命の戦いであると同時に、この戦いに勝てば必ず「差別化という武器」を手にすることができる戦いなのです。誰もが探している答えを、いかにスピード感をもって見つけられるか。苦労は多いが、企業として新たな付加価値を手にすることができる、勝利者への道でもあるのです。一言でいえば「やりがいのある挑戦」といえましょう。

アニマルスピリットというケインズの言葉には、無邪気さがあるように感じます。旺盛な事業欲は、楽観的で失敗を忘れているかのようです。その道に純粋に挑戦しようとする明るい姿勢があるのです。変化が激しく混迷する時代には、こうした明るさや勇気が必要であり、挑戦することを尊び失敗を受容できる姿勢が絶対に必要なのです。これがプロトピアの時代に生き残る第三の経営者像です。

4　構想力を持ち、構想を語れる仲間をもつ「ネットワーク型の経営者」

プロトピアの時代は多様な価値観で溢れています。こうした価値観をビジネスに昇華させるためには「豊富な着眼点」が必要です。一方で「着想」を得たからといって直ちにビジネスが成功する訳ではありません。その着想を活かす構想力が不可欠です。

具体的には「事業化」「ストラクチャー化」「仕組み作り」ができる展開力です。言い換えれば「シーズを活かしてビジネスモデルを構築する頭脳」とでも言いましょうか。あるビジネスシーズを、芽にして木にするためには、ビジネスとしての組立てが不可欠です。つまりビジネスモデルとして成り立たせる仕組み作りです。

中小企業の経営者のなかには、こうしたビジネスモデルの構想が得意な人材が必ずいるものです。しかし、構想だけではビジネスモデルを実現することはできません。より現実的な収益モデルを構築するためにはモデルのシェイプアップや資源投入が不可欠です。中小企業は経営資源に一定の制約を受けることが多いはずです。不足する経営資源を補い、ビジネスモデルをさらに洗練させるイネーブラーが要るのです。ここに企業間連携の意味があるのです。

したがって、新しい機軸や商品・サービスを生む出すためにはネットワークの構築が重要です。ビジネス構想を持つ経営者の周りに、有志の経営者がネットワークされるような状況が理想です。こう考えると仲間作りが出来る経営者はプロトピアの時代に必要な経営者だといえるでしょう。同じ夢を見て、夢に向かって挑戦できる仲間がイノベーションには必要なのです。こうした仲間を集めるためには「発信力」が不可欠であり、構想を語るための「対話力」が求められます。そして、そうした仲間と出会うためには異質を嫌がらない、安楽な場所だけに留まろうとしない、「開放の心」が必要だと思います。これがネットワーク型経営者の必要条件です。

一方、構想力はどうやって磨いたらよいのでしょうか。それは徹底してビジネスモデルを考え抜くことです。「誰に対して」「何を提供して」「どんな付加価値がある」かを考え抜くことです。ビジネスの種が芽を出すために市場を考え、商品化・サービス化を考え、従来にない付加価値を追求すること、これが構想力を磨く道です。そして、アイディアを磨くためには、いろいろな経営者と付き合うことも必要です。着想はコンフリクト（衝突）から生まれることが多いのです。悩み抜くなかで、ふとした着想が生まれる瞬間が異質なものとのぶつかり合いのときです。自分の小さな世界に閉じこもっていては喚起されることはありません。殻を破ることも構想力を磨く一歩となるでしょう。

プロトピアの時代に生き残る経営者の第四のパターンは、ビジネスシーズを展開できる構想力を持ち、その構想に向かって得意分野を持ち寄るネットワークを作れる経営者です。

5 やりたいことがある「夢と信念を持ち続けられる経営者」

複雑で変化の激しい時代に生きるうえで、時代の本質を見極められる力は貴重です。しかし、誰もがこの才能に恵まれているとは限りません。多くは平均的な経営者なのかもしれません。それでは、そういった経営者は生き残れないのでしょうか。

結論から言えば淘汰される可能性がないとは言えません。環境適応が生き残る道だとすれば、本質を見誤り、打つ手も遅い経営者が生き残る可能性は低いといわざるを得ません。しかし、「石に立つ矢」というアプローチもバカにはできないのです。虎を射ると念じれば大岩が虎に見えて、放った矢までが大岩に突き立つ。「思い込み、やり抜く」という怖さと偉大さでもあります。

この原理はプロトピアの時代にも通用するように思います。それは他者依存型ではなく、自らが起こすムーヴメントです。渦が起きた場合の回転力が違います。多くの人を巻き込むことで想像以上の力が働くこともあるでしょう。複雑で変化の激しい時代だからこそブレない大義や夢、技術的核心が輝きを放つ可能性があります。やりたいことがあって、夢や信念を持ち続けられる経営者は、凡庸であっても大きなパワーを持った人です。軽快に立ち回るだけが経営ではない。岩が虎に見えるほどの夢を持って、突き進むことが大きな力になるのです。多くのパイオニア的な創業者がこうしたパターンで成功しています。プロトピアの時代に生き残る第五の経営者像です。

ここまで5つの経営者像を見てきました。もちろんこれ以外にも成功する経営者はいるのかもしれません。個性豊かな経営者が大勢います。多くの経営者、多くの成功パターンが実現することを願っています。それも新しいプロトピアの時代の経営者といえるでしょう。

第5章

経営の針路
～未来を拓く羅針盤と14の突破口～

プロトピアの時代に生き残るために、中小企業の経営者は未来に向かって確かな航海をする必要があります。それでは道を誤ることなく進むために、どんな「経営の羅針盤」が必要なのでしょうか。

自社の立ち位置を見失うことなく、未来を拓くために確かな方向を指し示す羅針盤。世代から世代へ繋がれる中小企業経営は、いわば大海原を駆ける航海に似ています。穏やかな海もあれば、時に荒れ狂った海を走らねばなりません。それが中小企業経営です。しかもこれからの10年は、特別な10年になるでしょう。これまで来た10年よりも遥かに変化が速く、その振幅は大きいのです。もう1回、2回の淘汰が行われるでしょう。従来の経験値だけでは解決できない問題も起こります。まさに船長である経営者の力量が問われる10年になるはずです。

そんなプロトピアの時代に必要な羅針盤には5つの目盛りがついています。その5つの目盛りをチェックすることで、自社の立ち位置や針路が見えるはずです。まずは、未来を拓く羅針盤を紹介します。

1 未来を読むために大きな地図で考える

自社の立ち位置、針路を確かめるためには「今後やってくる未来」を考えることが基本になります。航海で大切なことは海路の天候や状況を適切に把握することです。嵐が来ることが分かっていれば、嵐を回避する航路を選択できます。あるいは嵐にも耐えうる装備を行うなどの対策を打つことができるはずです。

一企業が未来を変えることは容易ではありません。航海上の船が天候をコントロールできないのと同じことです。出来ることは針路を的確に予想すること。そのために出来るだけ大きな地図で航路を俯瞰し、データや情報を取ることが必要です。

さらに大事なことは、そうしたデータや情報に基づき「自分の頭で考える」ことです。もちろん専門家の意見を参考にすることも大切です。しかし、どんな優れた専門家でも未来を予測する作業は「仮説の積み上げ」であることに変わりはなく、絶対という保証などないのです。そして、未来には次から次への新たな変数が加わります。専門家だから正しい予測ができるとは限りません。専門家が分からないことを「一人の経営者」が分かるのかという疑問は当然残るでしょう。しかし、大事なことは「未来を考える」ことそのものにあると思うのです。自分の手を汚して集めた情報やデータに基づいて考えることで、自分なりに見えてくることがあります。そして「未来に向かう決意」も生まれるはずです。経営の本質は「決断」することです。決断には「決意」が伴います。決意を作るものは自分自身が「納得」することです。納得も決意も、手を汚さずして生まれることはないでしょう。

未来を読むために一番良い方法は「大きな地図」で世界を見ることです。経営者はどうしても自社の商圏に目が行き、視野が限定的になる傾向があります。航海も同じです。針路の海域だけ見ているのでは、予測の精度があがりません。台風は赤道近くで発生し、あっという間に北上します。地球儀で見なければ台風を発見することはできないのです。そういった意味で、経営者は世界に目を拡げる必要があります。もちろん出来る範囲で始めればよいのです。日本経済新聞1紙でも熟読すれば相当の情報を得ることができます。欧州で起きていること、米国で起きていること、インドで起きていること、それらが日本の未来と無関係とは限りません。「世界ではこんなことが起きている」というスタートで良いのです。

そうしたことを続けていると、ある国で起きている問題は世界共通の問題ではないか、あるいは導火線として世界各国に伝播するのではないか。そんな見え方ができるようになるかもしれません。「大きな地図」で未来を考えることは、世界のどこかで起きている事象の本質を感じ取ることでもあります。プロトピアの時代の世界地図は小さく、SNSなどの発達によって情報の伝播は恐ろしく早いのです。移民排斥や自国第一主義的な思想も、閾値を超えてからの拡がりはとてつもなく速かったと思いませんか。

未来を考えるときに「大きな地図」とともに、もうひとつ必要な視点があります。それは「社会」「政治」「経済」「環境」「技術」といった分野に目を向けることです。未来はある日突然現れるものではありません。過去が現在を作り、現在が未来を形作る。見えるか見えないかは別として大きな潮流があります。その潮流を意識することが大事です。経営者が世界の動きや各分野の動きに目を凝らして自らの頭で思考するとき、必ずや自社の立ち位置がはっきり見えてくるはずです。そして進むべき針路も明確になるはずです。

2 多様な着眼点・感じ方・考え方を持つ

羅針盤に欠かせない目盛りのひとつが「多様性」です。

変化が速く振幅が大きいプロトピアの時代に、単線でモノを見ることほど危険なことはありません。一見確かな道に見えるようでも別角度から見ると大きな危険に囲まれている場合があります。気付かないうちに大きなうねりに船が持っていかれている場合もあります。時代の潮流は単線とは限りません。むしろプロトピアの時代の潮流は、複線が複雑に絡み合っている可能性があります。

だからこそ「多彩で多様な目線」で見ることが必要なのです。多様な感じ方で、多様な思考の下でモノを洞察する必要があるのです。多くの人には見えない線が、ある人にとっては赤く染まって未来に続いているように見えることがあります。ある人には嬉しく感じられることが、ある人には物悲しく感じられる。ある人は楽観的に考え、ある人は慎重を期する。こういった様々な見方は、経営者にとって本質を洞察する何よりの参考材料になるはずです。

それでは、多様な着眼点・感じ方・考え方をどうやって確保したらよいのでしょうか。

まずは社内にしっかり目を向けることです。社員一人一人に光を当てて、固定観念を排して特長を見極めることです。灯台下暗しという言葉は真実です。経営者といえども見たい絵を見たがる。一度染みついた見方は社員の別の面を見ようとしないことが多いのです。誰もが自分の長所を曝け出すわけではありません。淡々と職務に取り組む心の内には別の想いが燃えているかもしれません。社員の良さを引き出し、彼らの見方・感じ方を活かすことも組織として必要な要素となります。

そして社外のネットワークを構築することが極めて大事です。社外には様々な人がいます。違う世界から見ている人の意見は貴重です。自社の世界から脱して、全く違う観点で見てくれる人をネットワークとして持てれば鬼に金棒です。そうした人々の発する言葉は、あなたの考えることを検証したり、新たな気付きを得る契機となるはずです。

自社の立ち位置、針路を正確に掴むためには沢山の角度から照射する必要があります。多面性を確保することが、良い羅針盤を持つことにつながります。

3 経営者の「勘」と「仮説とデータ検証」を併せ持つ

三つ目の羅針盤は「勘」を磨くことです。中小企業の経営者は「勘」が鋭い人が多いと感じます。それは、現場に生きて様々な成功や失敗を繰り返しながら得た「独自の思考フィルター」を持っているからだと思います。ある事象を見て「こうだ」と判断する経営者の直感は、一瞬にして「思考フィルター」を通すパターン思考に他なりません。このフィルターが優れているのは「勝ちパターン」だけでなく「負けパターン」も織り込まれていることです。中小企業の経営が論理だけで成り立つわけではないでしょう。実践の経験を乗せた経営者の勘も重要なポイントです。

しかし、プロトピアの時代に「勘」だけで立ち位置や針路を見定めることは危険です。それは直感が「パターン思考の賜物」だからです。パターンは過去の経験を通じて形成されたもので、未経験の事象や局面に正確な答えを出し切れない場合があります。

こうした場合に「勘」を補ってくれるものが「仮説とデータ検証」です。中小企業経営にとっては特に有益だと思います。決算や営業などでデータを活用する機会が増えたとは言っても、まだまだ中小企業においてデータの活用が十分とはいえません。何より「データ活用の着眼点」も十分に育っているとはいえない面があります。

プロトピアの時代はＩＴの指数関数的進化を受益できる時代でもあります。こうした武器を経営に用いないことが得策とは思えません。ビックデータとまで行かなくても、中小企業なりに採れるデータはたくさんあるはずです。データを活用して自らの考えを検証するといった手法をどんどん取り入れるべきです。自らのアイディアや分析（仮説）を、データで検証することは「直感経営」に「論理経営」を入れることで、経営のレベルアップにつながります。ただし、データを取るといっても簡単ではありません。どういったデータを取るか、その着眼点が必要になります。どういうデータを取れば良いかを考えるだけで、経営がレベルアップするものです。そして取ったデータを活用できればなおさら経営は良くなるはずです。

プロトピアの時代の羅針盤として必要なことは、勘に磨きをかけつつも、データで検証するという概念的思考と論理的思考の融合です。こうしたハイブリッドな手法が確かな羅針盤となります。

4 社会や地域との共生、倫理を大事にする

言うまでもなく羅針盤は自船の立ち位置と針路を判断するためのツールです。羅針盤の方位が狂っていれば、判断を誤ることになります。羅針盤の基本的な座標になるものが「社会との共生」「倫理」です。

企業といえども社会の中では人格を持った1人のプレイヤーです。地域から愛される存在でありたいし、可能であれば尊敬される存在でありたい。同じように間違った道に行きたくはない。社会倫理を尊重し、社会ルールの中で企業活動を進める必要があります。

そういった意味で、自社の立ち位置や針路を測るうえで最も基礎になるものが、社会との共生であり、社会倫理の遵守です。これを守らずして評価される成果があるでしょうか。プロトピアの時代においては、社会との共生や倫理が従来以上に重視される社会となります。ＩＴ技

術が発達して〝シンギュラリティ〟といわれる神の領域に近づけば近づくほど、人間とは何か、幸せとは何か、といった根源的なことが問われるようになるからです。あらゆる進化は誰のために、何を目的としているのか。企業は収益だけをあげれば評価できるのか、社会から尊敬される企業とは何なのか。そういった根源的な問いに答えるものが社会との共生であり、倫理の遵守なのです。

これらを逸脱する企業は、どんな素晴らしい成果をあげても評価されることはありません。だからこそ常に地域との共生、社会倫理の遵守といったことを基礎に置きながら自らの立ち振る舞いを検証する必要がある。絶対に忘れてはならない羅針盤です。

5　夢と志を持つ

羅針盤の最後が「夢と志」です。夢や志をもてるものは「人間」だけです。そこには変化に負けない、激動に揺らぐことのない強い意思を感じることができます。

プロトピアの時代は、デジタル経営が浸透し大きく進化するでしょう。ＡＩ、ＩｏＴ、分散台帳、ＡＲ／ＶＲ／ＭＲ、ドローン、５Ｇ、ビッグデータ。様々な技術が経営の武器として活用されるようになります。経営のステージが一段階上がる時代になるはずです。

こんな時代だからこそ「人間」が大事になります。生身の人間が抱く夢や志がワークするのだと思います。それが大きければ大きいほどデジタルが活きる経営になるのです。ビジネスを拡げ、ストラクチャーを強くするものが「夢と志」なのです。

そういった意味で、自社の立ち位置や針路を確認するときに「自分の夢や志に近づいているのか」という座標軸は意味のあることです。そして何よりもモチベーションになります。プロトピアの時代、まだ見ぬ世界だからこそ「夢と志」が大きな羅針盤として機能するのです。

さて、ここまでプロトピアの時代に生き残るための「羅針盤」について説明しました。自社の立ち位置や針路について常に確認することが、未来に向けた航海を確かなものにします。

一方、立ち位置や針路の確認ばかりをしてはいられません。

中小企業の経営者には、プロトピアの大海原を駆け抜けるためのエンジンが必要です。生き残るということは勝ち抜くことです。勝ち抜くためには経営のレベルをもう一段二段上げる必要があります。つまり、中小企業の経営者には経営のレベルを上げるための武器を手に入れる必要があるのです。

経営のレベルを上げるための武器、すなわち「突破口（ブレークスルー）」とは何か。本章の残された部分で、未来を拓くための「14の突破口」について概略を紹介し、次章以降でひとつひとつの突破口について説明することとします。

【未来を拓く14の突破口】

1. 経営力を高め続ける
2. ＩＴを経営に取り込む
3. 労働生産性を高める
4. レジリアントでスピード感のある組織を作る
5. イノベーションが生まれる体制を作る
6. 「モノづくりから価値づくり」への転換（視点を変える）
7. カスタマージャーニーを起点とする共創型営業への転換を図る
8. 戦略的事業承継を行う
9. 業界再編や事業組み換えによる成長戦略を描く
10. ネットワークを構想し、構築する
11. 財務戦略を検証する
12. グローバル戦略を再考する
13. 自社の弱みと上手に付き合い、良きイネーブラーを持つ
14. ローカル経済圏の課題を解決する

メニューとしては随分多いように感じられる経営者もいるでしょう。

ここで14のメニューを提示した背景には「中小企業の経営資源や事情は百社百様である」との認識があります。例えば「ＩＴを経営に取り込む」というテーマについては、A社では相当程度導入が進んでおりデジタル経営を実践する状況だが、B社では人事と経理で既成のアプリケーションを使っている状況ということがあります。A社では経営をランクアップするための突破口として「ＩＴ導入」はさほど機能しないが、B社では飛躍的な進歩につながる可能性がある。言いたいことはこういうことです。

したがって、14のメニュー全部に取り組むのではなくて、自社の経営資源や実情に応じて取捨選択すれば良いのです。目的は「プロトピアの時代に生き残ること」「勝ち抜く経営体質を作る」ことにあります。自社の強み弱みをしっかり分析し、自社の経営に役立つテーマを選定し取り組んでいただきたいと思います。

第6章

最初の第一歩
～ビジネスモデルの多面的検証と経営戦略の構築～

経営を高めるための「突破口（ブレークスルー）」に取り組む第一歩として、中小企業経営者にやっていただきたいことが2つあります。「自社のビジネスモデルを多面的に検証する」ことと「自社の経営戦略を描く」ことの2つです。この2つが「突破口」に挑戦する前提条件となります。

前提条件となる理由は、14の突破口を取捨選択するにあたって「自社を見つめ直す」ことが必要だからです。中小企業経営者の多くは直感に優れています。14の選択肢を前に「当社にはこのテーマが足りない」と速断で選択する傾向があります。それが間違っているとは言いません。しかし、まずは自社の強み弱みを「ビジネスモデルの多面的検証」を通して認識してほしいのです。さらに、自らの夢や志を踏まえた「経営戦略」を考えることを通じて、行きたい未来を明確にして進んでほしいのです。

この2つの作業をすることで、次章以降で説明する「14の突破口」を読む眼が変わるはずです。まずは経営者として基本を押さえたうえで次のステップに進んでほしいのです。

1　ビジネスモデルの多面的検証

ビジネスモデルという言葉は、ビジネスシーンにおいて頻繁に登場します。しかし、定義を述べよと言われると意外と答えられないものでもあります。

ビジネスモデルとは「誰を顧客（市場）」として、「何を提供」して、「どのような付加価値」が対価に結び付いているか、ということを説明するフレームワークです。例えば、街のお米屋さんであれば「エリア商圏内の個人または飲食店」が顧客で、「お米・雑穀類・飲料・燃料」が商品です。「付加価値」は顧客によって異なるはずです。ある老齢世帯においては「重い米を配達」してくれることに価値があるし、ある飲食店では「特長のある銘柄米を提案」してくれるといったことに価値があるかもしれません。

どんな商売であっても、必ず「顧客」「商品・サービス」「付加価値」の3つが揃っているから成り立つのです。同様に、その3つの変化に適応するからこそ商売が継続できるのです。問題は、この3つの要素は常に変化するということです。商売を継続する以上、この変化に対応しなければなりませんし、これらの3要素が将来どう変化するかを予測し、準備する必要があります。

そこで「ビジネスモデルの多面的な検証」が重要な意味を持ちます。検証の目的は、未来に向かって自社のビジネスモデルが継続可能かを確かめることにあります。仮に継続不可能あれば「何らかの修正」や「抜本的改革」を行う必要が出てきます。

それでは、ビジネスモデルの検証をどのように行えば良いのでしょうか。検証にあたっては、以下の4つの着眼点をもって行うと効果的です。

①向こう10年間で3つの要素のうち大きく変わりそうなものは何か
②当社の強みは維持できそうか。その理由は何か。
③当社のビジネスモデルに手を加える必要があるか。大胆な転換まで必要か
④検証にあたっては「多様なステークホルダー」に参加してもらう

①向こう10年間で3つの要素のうち大きく変わりそうなものは何か

まずは3要素が今後どのように変化するかを予測することから始めます。

少子高齢化に加えて、インバウンドや外国人労働者の増加など「顧客（市場）」については大きく変わる可能性があります。製造業においては下請企業であれば親会社を含めたサプライチェーンの変動（海外拠点への展開や国内拠点の閉鎖縮小など）も見込まなければならないでしょう。顧客の嗜好の変化もありますので、市場規模を含めて難しい予測になります。

第二の「商品・サービス」の変化も予断を許しません。前述の「街のお米屋さん」の例でも、米という商品テリトリーが変わらないとしても、新種も含めて銘柄は変わる可能性が大です。また、現在は10kg・5kgといった袋分けになっていますが、老齢世帯や単身者世帯の増加によって袋が軽量化される可能性もあります。単身であれば炊飯済みのレトルト米が主力になっている可能性もあります。さらにローカル経済圏の「街のお米屋さん」であれば〝買い物難民〟の

増加によってコメ以外にも雑貨品や電球の取り換えサービスといった範囲まで拡大するかもしれません。

最も重要な「付加価値」はどう変わるでしょうか。これも「街のお米屋さん」の事例で考えてみると、老齢世帯では「重量物を勝手元まで配達してくれる」ことに付加価値があり、米食好きの家庭においては「玄米のまま販売してくれる」「精米直後に配達してくれる」「新たな美味しい銘柄を推奨してくれる」といった付加価値が「現在の付加価値」として認められているかもしれません。しかし「eコマース」がチャットボットを使って会話形式で「コメの相談・推奨」が出来るようにしたり、送料無料でいろいろな種類の米が配達されるようになった場合、現在の付加価値は低下し失われる可能性があります。

以上のように「顧客（市場）」「商品・サービス」「付加価値」について近未来の変化を予測することが必要です。もちろん簡単に近未来が見渡せる訳ではありません。しかし、自ら情報を探り、他産業での変化などを参考に頭を働かせば「見えてくるもの」もあるはずです。

参考までに「ビジネスモデルを検証する」ための、もう一つの観点を紹介します。それは「自社の損益構造を明らかにする」という観点です。損益構造とは「儲けを出す仕組み」と言い換えることができます。

儲けを出すための基本は「売上」です。売上は「商品（サービス）単価」×「数量」の総和で構成されています。「単価」は「原価」と「利潤」で構成されます。単価のうち特に利潤については「付加価値」が影響するはずです。付加価値が低ければ自ずと利潤は低下します。付加価値が高ければ利潤は増えます。「数量」は市場における「シェア（面積）」を反映します。数量が沢山出る＝シェアが高いということは、市場での商品力を反映するものです。

企業は、「顧客」「商品（サービス）」「付加価値」を活用して「儲けを出す仕組み」を作っているので、損益構造の検証はこれら3要素の検証を別の角度から行なうことと同義です。例えば、粗利益率が低い企業において、仮に最終利益率が高い場合を想定すると、当社の強みは一般販売管理費率が低い＝間接費などが低コストという点にあるという仮説が成り立ちます。つまり、同業他社に較べて本部機構やバックオフィス部門を低コストで運営していることが強み（付加価値）になっているという仮説です。こうした強みが今後10年続けられるのかを考えることで、ビジネスモデルを側面から検証できるのです。

②当社の強みは維持できそうか、その理由は何か

ビジネスモデル検証の2番目の観点が「強みの継続」と「その理由」です。これは「付加価値」の部分にスポットを当てた検証です。①で3つの要素の「変化」を考えますが、そのなかでも当社の存在価値にあたる「付加価値」が失われればビジネスモデルの維持は困難になります。そういった点を踏まえて、当社の強み（付加価値）について徹底的に考えるということが着眼点です。

前述①で「本部機構やバックオフィス部門が低コストで運営されている」点が強みという事例を紹介しました。この強みが維持できるか否かは、この強みが形成された背景や競合他社の状況を考える必要があります。例えば、低コストで運営できている理由が「同業他社に先駆けてＩＴを積極的に導入し効率化を図った」ことにあるとします。ＩＴ化が遅れている業界で他社に先駆けてＩＴを導入した結果、他社より少ない人員で運営することが出来ているので間接費が低いというわけです。問題は、今後同業他社が積極的にＩＴを推進した場合に、当社自身もＩＴ体制の改善を図るとして、互いの追い駆けっこの中で当社の競争力が維持できるかです。維持できれば付加価値は失われないでしょう（ただし他社の追随で小さくなる可能性はあります）。しかし、他社の動向次第では強みが失われる可能性があります。

このように「損益構造を明らかにする」ことで、当社の儲けの仕組みが浮き彫りになり、強みの原因や背景を知ることができます。そして、問題を掘り下げることで「強み」が維持できるかが見えてくるのです。

③当社のビジネスモデルに手を加える必要があるか、大胆な転換まで必要か

3つめの着眼点は「修正」または「抜本的見直し」の必要性を考えることです。言い換えれば「問題の大きさ」を考えることです。ビジネスモデルの3要素のうち、いずれかを修正すれば済むのか、ビジネスモデルを転換する必要があるのか、問題の大きさを検証するのです。

例えば、敢えて議論を大きくするために「問屋（卸売）」というビジネスモデルを考えてみます。米屋という業態を考えた時に、街のお米屋さんは「小売り」で、通常は「米問屋」から仕入を行っています。問題は「問屋」という機能が「顧客」である「街のお米屋さん」に必要かということです。小売りが直接産地の農家と契約して安定供給の支障がない場合には、問屋など必要ないと言われる可能性があります。ただし、産地と直接契約する米屋の数がわずかであれば、「市場が縮小する」といった問題で留まるはずです。見方を変えて、供給先の農家にとって安定購入を継続してくれる「米問屋」は引き続き主要販売先として位置づけられるとすれば、「街のお米屋さん」の産地からの直接購入が進む余地は少ないので、これも「市場の僅かな縮小で済む」という話で、「問屋」の機能を修正する必要はないかもしれません。

しかし、そもそも米食離れが進んで「街のお米屋さん」が著しく減少するとか、大手スーパーが問屋を通さず産地直接仕入れを主ルートとするといった、抜本的にビジネスモデルを転換せざるを得ないようなケースが起こらないとはいえません。「問屋」にとっての市場規模が大幅に縮小すれば「問屋」の付加価値を徹底的に検討する必要があり、抜本的なビジネスモデルの転換が必要になる可能性があります。

このように、ビジネスモデルを検証するうえで「問題の大きさ」という着眼点を十分入れることが必要です。人は見たいものを見る。問題の大きさが分かっていながら目を瞑るということがあるのです。だからこそどんな問題でも早期発見・早期治療に結び付けられるように「問題の大きさ」を考える必要があるのです。

④検証にあたっては「多様なステークホルダー」に参加してもらう

最後が「いろいろなヒトの眼を借りる」ということです。第2章でみたように、プロトピアの時代は多様な時代であり、単線でみれば判断を誤る可能性があります。社内のあらゆるセクション、あらゆる階層を活用することです。職種で判断することなく、それぞれの知見や見方を借りることが大事です。

同様に、外部の知見を借りることも役立つはずです。専門家の活用も良いですし、世間を広く見渡すことのできる真のジェネラリストの力を借りてもいいでしょう。要は、多面的な検証ができる体制を作ることが大事なのです。

プロトピアの時代には「ゲームチェンジャー」が必ず現れます。多くは異業種からの参入でしょう。だからこそ同質的な目線で検証していては、ゲームチェンジャーの出現を予測できないのです。いろいろな可能性を探るためにも「多様な着眼点」が必要なのです。

2 経営戦略の構築

そもそも経営戦略とは何でしょうか。中小企業にとっては何か大袈裟なものに映るかもしれません。

経営戦略とは「経営者の夢と年度計画を結び付けるストーリー展開」とでも言えば分かりやすいのではないでしょうか。多くの中小企業で「年間計画」を作っています。呼称は「予算計画」など様々ですが、売上や利益の目標、そしてそれらを実現するための戦術（施策）を盛り込んでいるものが多いと思います。

14の突破口に挑戦する前提として「経営戦略」を練ることが重要な理由は、経営者の夢を明確にするためです。逆に言えば、事業に携わりながら夢もない経営者では先が知れているということかもしれません。事業とはリスクを抱え、リスクをコントロールしながら目指すべきリターンや成果を得る取り組みです。こうしたリスクを抱えながら事業をする以上、困難を乗り越えられる力が必要です。その源泉になるものが夢や志だと思うのです。

経営戦略は「一定期間後に実現したい事業の形」を「どういった手段や方法」を用いて実現するかというストーリー展開です。夢の実現には段階があります。一足飛びに実現はできません。だからこそ夢を実現するためのストーリーを描き、単年度計画に落とし込んでいくのです。単年度計画は夢を実現する道程の道標に該当します。

それでは経営戦略を的確に描くための着眼点は何でしょう。一言で言えば、経営戦略は「ヒト」「モノ」「カネ」「組織」といった4つの視点で「変化のストーリー」を描くことです。夢を実現するためには人材を育成する、設備投資を行う、必要な資金を調達する、戦略に合った組織作りを行う、といった準備が必要です。分解すれば「人材戦略」「投資戦略」「財務戦略」「組織戦略」になります。こうした其々のストーリーを考えることで夢に向かう道程が明らかになるのです。

一方、経営者のなかには「中小企業は1日1日を必死に生きているので数年後の戦略など立てようがない」「変化の激しい時代に経営戦略など立てても修正また修正になる」「最高の戦略は環境に適合する場当たり的戦略だ」といった反論をする人がいると思います。反論者の気持ちや意図は理解できます。それでも経営戦略は必要だと申し上げます。

例えば、「中小企業は1日1日を必死に生きているので数年後の戦略など立てようがない」という実態があるにしても、利那利那の対応で手一杯だから夢が持てない、未来を描けないというのではその状態から脱することは永久にできません。「変化の激しい時代に経営戦略など立てても修正また修正になる」ことも事実かもしれません。しかし夢に向かってのストーリーがあるから、修正（手段の変更）することもできるのです。仮に修正また修正となっても夢が実現できるのであれば目的は達せられるはずです。「最高の戦略は環境に適合する場当たり的戦略だ」という考え方もあるでしょう。最近はＰＤＣＡに代わるＯＯＤＡというマネジメントも提唱されています。しかし、場当たり的に対応するだけのスピード感のある組織、資金を持てる企業がどれだけあるというのでしょう。場当たり的対応という方法も高度な技術が必要なのです。

このように経営戦略を持つことは、夢の実現のために必要なことです。事業の目的や夢を明確にすることで進むべき針路は明確になり、これから挑戦する14の突破口の選択も容易になります。

経営を高めるために「突破口（ブレークスルー）」に挑戦する。その前提として「ビジネスモデルの多面的検証」と「経営戦略の構築」が必要だということを理解していただけたのではないでしょうか。

第7章

経営力を高め続ける

14の突破口（ブレークスルー）の第一番目は「経営力」です。多くの経営者が「経営力を高めるのは当たり前」で、今更なんだという想いを持ったかもしれません。しかし、現場に長くいる筆者の印象では「経営力」を意識して高めようとしている経営者、それを継続している経営者は多いとはいえないのです。

組織が小さいほど経営者が経営に与える影響は大きいはずです。金融機関の事業性評価においても「経営力」が特に重視されますが、それだけ中小企業経営を左右するポイントは経営者にあるということです。中小企業ではオーナー経営者が多いので、一旦社長になれば長期間経営トップとして君臨することになります。サラリーマン企業のように簡単に取り換えられないのです。したがって、なおさら「経営力」は大きな問題であり〝いの一番〟に取り組むべきテーマだと思います。

それでは経営力をどうやって測るのでしょうか。

経営力を測る全国模試がある訳ではないので偏差値を示すこともできません。また、テストで判別できるような能力でもないはずです。そもそも経営の領域は多岐に亘っています。戦略立案、人事・組織、生産、マーケティング、営業、財務、研究開発など極めて幅が広いものです。全種目に通じているという超人的な経営者がいるかもしれませんが、多くは自分なりの得意分野を持ちつつ、不得意分野を部下に補完してもらうというパターンが多いと思います。したがって、経営のパターンは百社百様であり一律的に決めつけられるものではありません。

しかし、不思議なことに「あの社長は経営が上手い」「経営手腕の優れた社長だ」といった話が巷間で囁かれます。経営者それぞれが独自の物差しで経営力を測っているのです。よく聞いてみると業績だけで判断しているのではなく、様々なパフォーマンスをトータルで評価しているように見えます。

ただひとつ言えることは「業績＝結果」を出せない社長で褒められている人はいないということです。どんなに素晴らしい能力を持ち、どんなに素晴らしいアプローチをしても「結果を出せない経営者」を優秀な経営者とは呼べないでしょう。もちろん前任者が業績を底まで落とした場合などに、再興のために登場した経営者が「複数年をかけて成果を出す」プロセスは容認されるべきです。しかし、そのプロセスのなかでも「上向き」の状況が見えなければ評価されないと思います。

それではプロトピアの時代に経営力を高める何か良い手立てはあるのでしょうか。

思いつくままに、キーワードをあげてみます。

- ●「自分よりも有能な経営者」と仕事をする
- ●「鬼才・奇才・異才」の人と交流する

●「自らの地図」を拡げる
●「アニマルスピリット」「パイオニア精神」で挑戦する
●「ドラえもんのポケット」を持つ
●「自分の思考パターンを壊す」
●「仮説を持つ、データで検証する」
●「10秒で答えを出す、1分で理由をいう」
●「ITを知る、ITを活用する」
●「良き相談相手」「ジェネラルなイネーブラー」を持つ
●「有能な外部人材」を社内に取り込む
●「歴史を学ぶ」「人間を哲学する」

1 意識的に人との交流を深める

最近ある社長の目線が上がったなと感じることがありました。詳しく話を聞くと力量のある経営者と一緒にビジネスをする機会があり、その交流を通じていろいろな学びや刺激を受けていることが分かりました。自分より高い山から見た景色は、登ってみないことには分かりません。どの業界でも同じだと思いますが、優れた人材から学ぶことは限りがありません。「自分よりも有能な経営者と仕事をする」というのはそういうことです。しかし、待っていては中々出会う機会はないでしょう。自らが機会を作り、飛び込んで行くことにも意味がありそうです。

気心が知れた仲の良い経営者だけと付き合う経営者がいます。もちろん経営者は一国一城の主ですから孤独です。社外で同じ立場の人と交わり、リラックスすることはとても良いことです。しかし「学び」という観点で言えば、そういった交わりだけでは不十分だと思います。「鬼才・奇才・異才」と意識して付き合うことが成長には役立ちます。こういう人と付き合うためには「自分のサークル」から飛び出さなければなりません。居心地の悪い、慣れるまではストレスを感じる空間ですが、そういった刺激が成長を促します。筆者は長く金融機関の営業をしていましたが、シンクタンクに転身することで多くの学会の才能と知己を得ることができました。まったく違うキャリア、思考方法。これは本当に勉強になりました。いろいろな才能に出会うことで、自らも従来とは違う勉強をしますし、思考の鍛錬にもなるのです。「自分の地図」を拡げることで様々な出会いがあることを知ってほしいと思います。

2　挑戦する、リスクをとる

ケインズがいう「アニマルスピリット」は蛮勇とか血気とか、熱い経営者魂を指すようです。確かに事業欲の旺盛な創業経営者などは「無茶苦茶」をする場合が少なくありません。傍から見ていると合理的判断とは思えないような行動をすることがあります。しかし、後になってみると「先見の明」があって、誰も考えていなかった将来を見据えて手を打っていたということが〝判明〟します。「果断の人に気がかりなし」という言葉がありますが、志をもって仕事に夢中になっている経営者には恐れるものなどないのかもしれません。

同じように「パイオニア精神」という言葉があります。最近ではあまり聞かなくなりましたが、誰も踏み込んでいない未踏の地を拓くという経営者像です。ＮＨＫの朝ドラ「まんぷく」で日清食品創業者の安藤百福氏をモデルとした話が展開されていましたが、即席ラーメン作りに没頭する立花萬平の姿はパイオニアそのものです。この世には存在しなかった新しい食品作りはイノベーションそのもので、未開の地に入ることを怖がる人には到底成し遂げられない偉業そのものです。

経営のステージを上げようとすれば、従来と同じことをやっていてはだめでしょう。ステージが上がるときは必ず挑戦があり、その壁を乗り越えるからこそステージが上がるという循環になっているはずです。そして、挑戦にはリスクが伴います。リスクを伴わない試みを挑戦とは呼ばないし、リスクと闘うことで精神面も含めて様々な経営力が引き上げられるのだと思います。

そういった意味で「未来を拓く挑戦」をすることが経営力向上に必要です。安全志向が悪いとは言いませんが、リスクを怖がるだけでは克服の道は拓けません。そして、挑戦は「無茶苦茶」をすることではありません。未来を拓くために自らが作った目標に全知全能を傾け、創意工夫を重ねて成し遂げるものです。そうした思考や活動を通じて「勝算」を高めていくのです。

プロトピアの時代は、チャンスもピンチも併存する時代です。変化の時代にはチャンスも数多くあるはずです。経営者の挑戦は事業を拡げ、自らの能力を高める機会となるのです。

3 従来とは異なる思考をする

私たちは長い人生の中で形成された「自分独自の思考パターン」を持ち、知らず知らず固定観念に囚われ、柔軟性を失っていることが少なくありません。経営者も同様です。

その点「ドラえもんのポケット」には、いつも多くのことを気付かせられます。思考の柔軟性、夢を形にする方法、モノには利点欠点があるという当たり前のこと、等々です。

ドラえもんのポケットにはいろいろなモノが入っています。「翻訳こんにゃく」という食べる翻訳機は秀逸です。本来外国語を話し、聞き取るようになるためには勉強が必要です。でも人間は元来横着です。海外旅行したときに自由に外国語を使いこなせたらと思う反面、勉強は億劫です。そこで「翻訳こんにゃく」をむしゃむしゃ食べると外国語が使えるようになるのです。なんと素晴らしい発想でしょうか。万民の願いをこんにゃくで実現できるなんて。しかし、皆さんは不思議に思いませんか、なぜ「こんにゃく」なんだろう。食べるものであれば、飴でもバナナでも何でも良いはずです。作者がなぜ「こんにゃく」を選択したかは分かりませんが、こんにゃくの持つ不思議な食感やブルブル感、子供がそのまま食べるには美味しいとまでは言えないような味、これらが絶妙な「正解」を醸し出しているような気がします。

こうした思考方法は、経営や仕事をするうえでも役に立つはずです。大人は「小理屈」を立てたがります。理屈が夢を壊すのです。それは無理だ、の発想です。しかし「翻訳こんにゃく」とはいかないまでも、ポケットサイズの高性能翻訳機が既に世に出回っています。外国語を話せない人でも楽しく海外旅行や会話がしたいという願望を技術で解決しているのです。ドラえもんのポケットは「夢を形にしてごらん」「もっとシンプルに考えてごらん」「楽しく考えてごらん」とわたしたちに語り掛けているのです。

現実に戻って何らかの効率化策を検討する場合に、小さい改善の積み上げだけでなく、もっと大胆に発想してみたら大きく変わるかもしれない。ドラえもんのポケットのように、自由で楽しい発想から面白い取り組みができるかもしれない。構想力の広さ、思考の柔軟性を教えてくれる話です。

そういった意味で「自分の思考パターンを壊す」ということもレベルアップの一助になるはずです。冒頭に書きましたが、わたしたちは自分の思考パターンに慣れ、そこに縛られてしまう場合が多いのです。もちろんその思考パターンが多くのアイディアを産んでいることもあるでしょう。しかし、ワンランクアップするための議論としては、「自分の思考方法からの解放」

ということも必要だと思うのです。したがって、まずは自分の思考パターンを再確認する必要があります。自分の考える傾向、大事にする価値感、許せないモノなどです。それを確認することで「違う思考」の存在も理解できます。思考パターンは、経験や学んだもの、影響を受けた人などから形成されます。この経験や学びは人によって異なるはずです。自分の思考が形成されたように、他者も違ったルートで形成されています。そういったことを認めることで「自分とは異なる思考」を受け入れる余地もできます。それが「思考の幅を拡げる」ことにつながると思うのです。

そして中小企業の経営者に是非心がけていただきたいことが「仮説を持つ、データで検証する」です。中小企業の経営者は概念的思考に優れています。つまり「直感」です。これは現場での成功失敗を通じて形成された独自のパターン思考です。これは、過去のこの事例に該当するから止めておこうといった「当てはめ型思考」です。勘が鋭いと言われる経営者は、こうした経験や問題意識が豊富で「物事の当てはめ判断」がピタッとくるのです。

一方、プロトピアの時代は過去の経験が活きない、新しい局面が起こる時代です。当てはめ思考が「都市伝説」となって、新しい状況と乖離している可能性があります。そこで「仮説とデータ検証」という「論理的な思考」が重要な意味をもつのです。従来はデータを集め、整理し、分析して含意を得る作業には多くの時間がかかりました。しかし、プロトピアの時代はＩＴの時代です。組立さえしっかりすれば、ＩＴが人手を介することなく、情報を収集し分析してくれます。所謂「ビッグデータ」の活用です。

従来「業界の定説」といわれていた手法が、データを分析してみると全く違っていたということがありうるのです。データを眺めることで気づく場合もあります。データを見るということは現実をいろいろな角度から再構成することです。直感だけでなく、数字でモノを考えることで検証ができるのです。

こうした論理的な思考を取り入れることが、経営力の向上には欠かせないのです。ここでは「ドラえもんのポケット」「自分の思考パターン」「仮説とデータ検証」という3つの視点で、従来の考え方に彩りを加えることを提案したいと思います。

4 思考方法を鍛える

経営力は積み重ねです。日々の仕事の中で鍛えられていく部分も少なくありません。そこで「10秒で答えを出す。1分で理由を言う」を実践することをお奨めします。

このトレーニングは「概念的思考と論理的思考を常に組み合わせる」というもので、日々の経営者としての「判断」を行う際に必ず実践できることがミソです。つまり思考の「瞬発力」と「探究力」を同時に鍛えるということです。

筆者も10年余の支店長時代に、審査判断を含めて様々な問題について「決断」をしてきました。その際に心がけていたことがこの思考方法です。どれだけ膨大な案件でも、あるいは込み入った問題でも、話を聞いた後には10秒で答えを敢えて出すようにしました。それは、支店経営者として様々な問題に早く答えを出す必要があったことと、集中して問題処理にあたるためでした。10秒で答えを出すことは「概念的思考」すなわち「直感」であり、その直感は「過去の経験パターン」を参照して生まれる思考です。多くの場合、経験が活きて直感通りということが多いのですが、支店経営者として直感だけに頼っているようでは判断を誤る場合がありまず。それを補完するために、「直感が生まれた背景・根拠」を探究するクセをつけたのです。これが「理屈」です。理屈は、考え方を積上げる思考ですから一定の時間を要します。そこで1分で理由を言う、ということに自らを律したのです。

日々こうした訓練を課すことで、思考はかなり鍛えられます。特にオーナー経営者は、部下から判断に疑問を呈されるという習慣がほとんどないため、直感だけで決断していれば済む場合が多いので、論理的思考を取り入れることで「理屈を重んじる」習慣もつきます。論理は「客観的に人を納得させる」武器となりますので、経営力の向上に欠かせないものです。

5　ＩＴを知る、ＩＴを活用する

このテーマは別途の章を設けていますので、ここでは割愛します。ただ「ＩＴ」はプロトピアの時代の経営者の必須科目であることは申し上げておきます。

6 師匠・相談相手を持つ

経営力を高めるうえで「良き相談相手を持つ」「ジェネラルなイネーブラーを持つ」ことは非常に有益です。人が成長するうえで助けとなる人物が必ずいるのです。サラリーマンでも、あの上司と出会ったから大きく成長出来たという経験は誰しも持つものです。

中小企業の経営者は一国一城の主ですから、教えや意見をされる機会が一般的には少ないはずです。したがって、どうしても親父さんである会長からのアドバイスといった形で間口が限定されることが多いのです。経営力を高めるためには、やはり「経営者としての着眼点」「経営者としての考え方」を鍛える必要があります。そういった意味で、社外に師匠や相談相手を持つことは「訓練の機会」を得ることになります。

経営者が社外で持つ相談相手は「税理士」「弁護士」「業界の先輩」といったパターンが多いと思います。これはこれで結構なことですが、もう少し幅広く知見を求めても良いように思います。プロトピアの時代に大切なことは「世界や社会の動きを幅広く見て、問題意識を持ち、自分の経験を活かしながら自分の頭で思考する」ことです。こういう人を師匠や相談相手に持つことが大事だと思います。そういう意味では、きちんと鍛錬された銀行ＯＢ、商社ＯＢといった人を活用することも一案です。その場合大事なことは、知見・経験だけでなく、中小企業を見るハートがあるかということです。中小企業は百社百様ですので、理屈だけでは上手く行かないのです。そういったことも含めて、視野の広い人物を活用することが必要です。

そして社内に「人材」として採用することも一手です。

経営を高めるためには、有能な外部人材を専門家として採用することも必要です。特に、中小企業で不足しているIT人材などはお金を出しても採るべきでしょう。また、経営に新しい血を入れることも大事です。中小企業では外部人材（取締役）にあれこれ言われることを嫌う場合がありますが、唯我独尊のオーナー経営だけではレベルアップできないこともあります。中小企業といえども経営陣に外部人材を取り込み、時には衝突（コンフリクト）を通じて経営のレベルをあげるという勇気が必要だと思います。俺を批判する部下は要らないという考え方では経営力が高まるとは思えないのです。

7　歴史を学ぶ、人間を哲学する

戦略は「歴史」から学ぶことが多いものです。軍事家のリデルハートが著した「戦略論」は過去の歴史が多く語られています。「歴史は繰り返す」の言葉通り、経営に関する問題も、歴史を繰り返している面があります。そういった意味で、手近なところでは「自社の社史」から始め、様々な企業や経営者の「経営史」を学ぶことは意味があると思います。

特に、「問題はどういう背景で起こったのか」「苦境に陥った原因は何か」「成長のきっかけや背景は何か」「問題解決に重要だったことは何か」などに着眼して読むと理解に厚みが出るように思います。筆者の経験からしても「不思議の負けなし」という印象があります。自分が置かれた状況を客観的に把握すること自体が難しいことではありますが、冷静に状況判断ができれば歴史を活かすこともできるのだと思います。

また、プロトピアの時代は「人間」がクローズアップされる時代です。ＩＴの発達、技術の発達は、様々な機能を人間に近づけて、やがて凌駕していくでしょう。そうした状況が現実になる中で、人間の思考や・行動・感情といったことが従来以上に重要な意味を持つようになります。経営者は、あらゆる経営資源を活用して経営を行います。そして、結局は「人間の幸福」のためにみんなが仕事をしているのです。

そういった意味で、お客様にも、従業員にも、支援者にも、いろいろな形で対峙する人間を経営者として考えることは必要不可欠なことだと思います。これも経営をレベルアップする一助となるでしょう。

第8章

ＩＴを取り込む
～ＩＴの分からない経営者がいる会社は上限値があるようなもの～

プロトピアの時代、「ＩＴ」が経営の大きな武器になることは間違いありません。ＩＴは経営者にとってプロトピア時代の「必須科目」であり、ＩＴが分からない経営者がいる会社は自ら成長の「上限値」を設けているといってもいいくらいです。

それでは、なぜ「ＩＴ」が必須科目なのでしょうか。

一言で言えば「ＩＴ」を活用して「経営問題の解決や経営品質の向上に役立てる」機会が飛躍的に増えるからです。あるいは「ＩＴ」によってビジネスのフレームワークや既存のインフラが全く変わってしまうため、それに対応できなければ同じ土俵で戦えなくなってしまう可能性が高いからです。

それでは「ＩＴ（Information Technology）」とは何でしょうか。直訳すれば「情報技術」です。近時は「ＩＣＴ（Information & Communication Technology）」のように「通信技術」を包括して呼ぶ場合が多いようです。いずれにしても、コンピューターや関連機器、通信技術を活用してデータの収集・分析・保存・送達を行うものと理解すれば良いでしょう。既に、中小企業の経営においても、人事給与・経理財務・営業・生産管理などの分野でコンピューターを活用した「省力化」「効率化」「品質向上」に向けた取り組みが行われています。

一方、これだけ「ＩＴ」が当たり前とされる状況にも関わらず、「ＩＴ」に関心を持たない、あるいは「ＩＴ」を理解していない経営者が少なくありません。オーナー経営者の影響が絶大である中小企業において、そのトップが「ＩＴ」に関心がなければ、社内での活用は限定されてしまいます。「ＩＴ」が指数関数的に発達し、経営のあらゆる領域において利用範囲や利用水準が拡大しているにも関わらず、その技術を享受できないとすれば経営のブレークスルーなど覚束なくなります。そういった意味で、まずは経営者が「ＩＴ」に関心を持ち、積極的に学ぶことが必要です。

それでは中小企業の経営者は「ＩＴ」の何が分かれば良いのでしょうか。

基本的には2つです。ひとつは「ＩＴの基本的な技術とトレンドを理解する」ことです。もう一つは「ビジネスにＩＴがどのように活用されているかを知る」ことです。経営者はシステムエンジニア（ＳＥ）といった専門家を目指す必要はありません。しかし、「ＩＴ」を的確に理解し、様々な手法を取捨選択して自社の経営を高めるための基本知識は必要です。

基本的な技術やトレンドを知るためには「最新ＩＴトレンド」（技術評論社）、「ＩＴナビゲーター」（東洋経済新報社）、「ビジネスモデル２０２５」（ソシム）といった書籍を読めば概要を把握することができます。また、製造業であれば「ＩｏＴで激変する日本型製造業ビジネスモデル」（日刊工業新聞社）といった書籍も参考になるでしょう。まずは、何か1冊じっくり読んでみて、そこから興味の範囲を拡げることで基本やトレンドを知ることが出来るはずです。

ＩＴがビジネスにどう活用されているかを知るためには「攻めのＩＴ経営銘柄」（経済産業省）、「攻めのＩＴ経営中小企業百選」（経済産業省）がアップされていますので、導入資料として参考にするとよいと思います。また、近時はソフトメーカーが積極的にセミナーを開催して、自社製品の導入事例を詳しく説明していますので、インターネットで探索して参加する方法もあります。

こうした勉強やセミナー参加を通して、自社のＩＴ活用のポジションが見えてくるはずです。その立ち位置が分かれば、経営者としてＩＴ戦略を考える強いモチベーションが生まれます。ここが全てのスタートですので、出来るだけ早く着手することをお奨めします。

それではここで、ＩＴの活用事例を幾つか見ることにしましょう。


（事例1）社内のコミュニケーション円滑化を図った事例

建設業のＡ社では、ビジネス版のＬＩＮＥである「LINE WORKS」を導入して、社内のコミュニケーションツールとして活用している。ＬＩＮＥはスマホを保有する個人であれば利用している者が多いため「リテラシー教育」がほぼ不要で導入しやすい環境にあることや、若手社員にとっては極めて日常的なツールでコミュニケーションが活発化することを期待して導入したものである。

具体的には、作業現場の状況報告や関係者との情報共有化などに活用。電話だけでは状況が把握しにくいときでも、ＬＩＮＥであれば写真・動画による報告も可能で、かつ、チャットによる対話やグループ会話も可能であることから、コミュニケーション濃度が高まっている。また、スケジュールの共有化や必要情報の伝達も円滑になることから、朝礼夕礼の時間なども短縮化されている。相談事項、事故対応や緊急連絡などにも活用しており、活用範囲は徐々に拡大している。

社内的な活用に限らず、建設協力企業とラインをつなげることで、さらに密接な関係構築にも役立っている。


ＳＮＳ（ソーシャルネットワークサービス）の代表格といえば「ＬＩＮＥ」です。スマホをお持ちの経営者であれば個人利用している方も多いと思います。この「ＬＩＮＥ」についてセキュリティを高め、ビジネスでの利用環境と高めたものが「LINE WORKS」です。

メールでは「宛名」「起承転結」などビジネス文書的になります。また、チャットのように即時対応するには馴染まない面があります。ＬＩＮＥはチャットで即時のやりとりが出来ますし、写真動画を添付すれば一目瞭然で理解が深まります。グループ対話も可能ですから、誰かの相談に対してグループ内の誰もが回答してあげることができます。何より若者にとっては最も表現がしやすいツールです。

こうしたＬＩＮＥの機能を活用することで、社内のコミュニケーション濃度を上げ、情報の共有化や伝達などを円滑に行うことができるのです。

（事例2）配送先の属性情報をカーナビと一体化することで効率化を図った事例

B社は宅配運送業者です。会員向けの食品配送など定期的に会員宅に配送する業務が中心だが、近時はドライバー不足や訪問宅の不在問題などに頭を悩ませていた。

社長はＩＴ企業を経て当社を承継した関係でシステムに明るく、訪問先の属性情報を登録するなどして、宅配業務の効率化を図れないかを模索。例えば、会員宅の地点登録を行うことで効率的な輸送ルートを自動算出できないか、あるいは「不在であることが多い時間帯」などを登録することで在宅時の配送率を増やすとことができないか、といった内容でシステム開発を実施。

これによって、夏季のお中元配送の繁忙期にバイトを使う場合でも、ナビに会員宅が登録してありルートも示されることから、いちいち住所を確認するといった手間が省かれるようになった。また、不在時間帯を避けるような配送設計を行うことで、在宅時配送率も高まり効率化が進んでいる。

物流はＩＴと親和性の高い業種である一方、中小企業におけるシステム化は遅れているのが実情です。しかし事例2のような配送先の属性情報を登録することで、在宅時配送率を高め、輸送ルートの効率化を図ることができるのです。もちろん道半ばとのことですが、「業務設計（オペレーション）」をＩＴで効率化するという目線が持てれば、アイディア次第で様々な問題解決が図れるのではないでしょうか。

（事例3）ＩoＴによる機械稼働状況の可視化を図った事例

Ｃ社は油圧部品等を製作する製造業。多品種少量生産が主流となり、顧客の見積もりに対する迅速回答や短納期対応が必要となるなかで、生産管理の負荷が増加している。

そこで、各製造機械の稼働状況を示す「三色灯」に着眼し、光をセンサーで読み取り稼働状況を可視化するＩoＴシステムを構築した。三色灯が設置可能であれば古い機械であっても稼働状況をリアルに把握することができて配線等も不要であるため「お手軽」、かつ情報蓄積によってデータ分析なども可能であることから、生産性向上にも役立てることができている。

製造業にとって、生産性向上は大きな課題であり「ＩoＴ（モノのインターネット）」活用はその突破口（ブレークスルー）のひとつとして期待されています。ＩoＴとは機械と機械がインターネットを介して会話し合うといった意味です。例えば「稼働状況」「老朽化状況」といったことを、機械同士で把握できれば不具合を早期に発見したり、老朽化による代替時期を明確にすることができます。従来人間がいちいち点検していた作業がなくなるだけでなく、代替時期をデータで示すことでセールスモーションを変えることもできるのです。

ＩoＴのシステム構築は大企業製造業を中心に急ピッチで行われていますが、中小企業における活用は道半ばといったところです。製造業の経営者であれば、こうしたIoTの活用事例を勉強することで自社の生産性向上や品質管理について考える機会とすることができるはずです。

さて、ここまで「経営者がITを必須科目として学ぶ必要性」「ITの活用事例」をみてきましたが、中小企業のIT活用に際して、もうひとつ乗り越えなければならない問題がありまｓ。それは「IT人材の育成」です。

「IT」の活用が中小企業で進まない背景に、IT人材が社内に不足しているという現実的な問題があります。「ベンダー任せで給与システムを導入したら、初めの予算の2倍になって期間は半年遅れた。しかも期待効果の半分も現れない」といった経営者の声を聞くことがあります。これもITを理解する社員がいないことが原因となっている可能性が高いのです。

そういった意味で、「IT」を経営に取り込むためには、社内のIT人材の育成が急務です。しかし、IT人材の育成方法に悩む経営者は少なくありません。どんな方法でIT人材を育成すればよいでしょうか。

具体的には、次のような方法が考えられます。

●IT教室など外部の教育機関に社員を派遣する

●ＩＴ講師を呼んで社内セミナーを開催する
●お友達企業でＩＴ活用に積極的な会社の見学会をさせてもらう

導入初期としてこういった手法を取ることは悪くありませんが、長続きしない可能性があります。また、早期にＩＴ人材を育成する手段としては迫力に欠けます。

筆者のお奨めは「ＩＴパスポート」という資格を社員に取得させることです。「ＩＴパスポート」はＩＰＡ（情報処理推進機構）が認定する国家試験で、何より内容が充実しています。ＩＴに関する技術分野だけでなく、経営系の理解も含まれていますので「バランスの取れたＩＴ人材」を作ることができます。

ＩＰＡのホームページによれば、「新しい技術（ＡＩ、ビッグデータ、ＩｏＴなど）や新しい手法（アジャイルなど）の概要に関する知識をはじめ、経営全般（経営戦略、マーケティング、財務、法務など）の知識、ＩＴ（セキュリティ、ネットワークなど）の知識、プロジェクトマネジメントの知識など幅広い分野の総合的知識を問う」とあります。あくまで情報処理技術者の初心者向けの試験であり、問題集などによる独習が可能ですので、積極的に社員に挑戦させたい資格です。特に、内定が決まった学生などに補助金等の支援をして受験させることも良いでしょう。最近は就職活動の際に、エントリーシートに資格として記載要件になっている会社もあるようで、学生にも認知度が上がっているようです。また、社員向けの資格として推奨する場合には、①合格時に補助金を出す、②人事制度の資格要件に位置付ける、などの方法も有効だと思います。

いずれにしても「ITパスポート」を持った社員が社内で5人誕生すれば、会社の雰囲気は変わるはずです。こういった人材を中核に社内プロジェクトを実施し、社内セミナーなどを開催することで全体のレベルアップにつなげることができます。また「ITパスポート」取得者は、さらに上位に資格取得を目指してもらうことで社内のITレベルは加速度的に向上するでしょう。

これ以外にも、社内のITリテラシーを高めるために「まずは導入してみる」という方法もあります。もちろんコストを要しますのでどの会社にも薦める訳にはいきませんが、まずは導入して使わせてみることで意識改革やリテラシーアップの契機とすることも意味があると思います。

最近「RPA（ロボティック・プロセス・オートメーション）」が注目されています。これは従来人手によって入力していたパソコン作業などを、ロボットが代行して自動入力してくれるといった「業務の代行・自動化」をさします。生産労働人口の減少や働き方改革の影響もあって、人が行っている定型作業をできるだけコンピューターに置き換えていくという流れは自然な感じがします。中小企業であって、人による定型作業が多い部署であれば試行してみる方法もあるのではないかと思います。

さて、最後に「ＩＴ」を使うことで経営の何が変わるかについて説明します。

前述の通り、ＩＴとは人手を介することなく高速で情報収集・分析・保存・送達ができる仕組みです。したがって、経営にＩＴを取り込む目的は「ＩＴの特長を活用して経営のクオリティを高める」ことです。

具体的には「業務設計（オペレーション）」「顧客接点」「データ活用」の３つがカギとなります。

「業務設計」におけるＩＴ活用とは、業務プロセスにおけるオペレーションを「ＩＴを使って自動化する」ことを指します。例えば、給与データを手入力で行っていたものを全てＩＴ化で対応するといったことです。あるいは、受注・生産・在庫状況の一元的把握を行うことで、オペレーターを削減するとともに在庫の最少化を図るといったことが想定されます。

「顧客接点」では「多様化」が考えられます。従来営業マンが行っていた営業手法を見直し、一部はｅコマースで対応するとか、情報提供は自動配信するとか、「接点を多様化」することで「間口」を拡げたり「アプローチ」を見直すといったことが想定されます。

「データ活用」は取引情報を蓄積し解析することで需要予測の精度を高めるといったことが想定できます。

このような着眼点で「ＩＴ」を活用することで、「既往事業の高度化」「新規事業の構築」ひいては「ビジネスモデルの変革」といったレベルまで経営を変えることが可能になります。実際に第４次産業革命と言われる動きはＩＴを多面的に活用したものであり、大量生産の効率性でカスタム製品を作る仕組み（＝マスカスタマイゼーション）は、ＩＴを活用した生産方式のイノベーションといえるでしょう。

プロトピアの時代、経営者は「ＩＴ」に臆することなく、「ＩＴ」を武器として自社の経営の様々な領域の改革を進めることで競争力の強化を図るべきであり、それが生き残りの大きな力となるはずです。

第9章

労働生産性を軸とする経営戦略

第三の突破口（ブレークスルー）は「労働生産性を軸とする経営戦略」を組み立てることです。

労働生産性を軸とする経営戦略を作ることが有効である理由を説明する前に、そもそも論として「労働生産性」の説明から始めることにします。

労働生産性にはいくつかの定義があります。例えば、

労働生産性＝産出量÷労働投入量

が一般的な定義といえるでしょう。しかし、この式だけでは何となくピンと来ません。もう少し具体的な定義をお示しすると、

労働生産性＝付加価値額÷期中の平均社員数

になります。つまり「社員一人当たりの付加価値額」が労働生産性ということになります。「付加価値額」は企業が生産等を通じて産み出した価値で、総生産額から産出に要したコストを差し引いた額をいいます。付加価値額の計算式（加算法）を示すと、

付加価値額＝営業利益＋人件費＋支払利息・割引料＋減価償却費
＋動産・不動産賃借料＋租税公課

になります。

ここでは計算式を憶えて頂くよりも、まずは「社員一人当たりの付加価値額」が労働生産性

の意味するところであって「収益に対する効率性」が問われているということを理解して頂ければ結構です。言葉を換えれば「少ない社員（労働投入量）で、より多くの儲けを出す」ことと言えばいいでしょう。まさに社員一人当たりの儲けを増やすための創意工夫をどう行うか、がテーマです。

第1章「経営の罠」で説明しましたが、平成の30年間において中小企業は労働生産性を高めることがほとんどできませんでした。本来「企業」というものは、最小の元手で最大の利益をあげることを目的とした組織です。しかし、過去30年間はこうした仕組みを構築できずに、成長から遠ざかっていたということがいえるでしょう。

プロトピアの時代は激動の時代ではありますが、中小企業の時代であり、チャンスもピンチも同じように待ち構えています。平成が終った今こそ中小企業は新たなステージに向かって挑戦するべきだと思います。「成長」のステージに向かっての挑戦です。激動の時代をチャンスに変えて、自らの手で成長を勝ち取るのです。そのカギとなる考え方が「労働生産性」です。

それではなぜ「労働生産性」を軸とする経営戦略を組み立てることが有効なのでしょうか。

理由は幾つかありますが、究極は「労働生産性を高める」経営を志向することで「付加価値重視の経営」を実現できることが大きな理由です。その他にも幾つか理由がありますので、ひとつひとつ説明することにします。

図9−1　日本の生産年齢人口推計

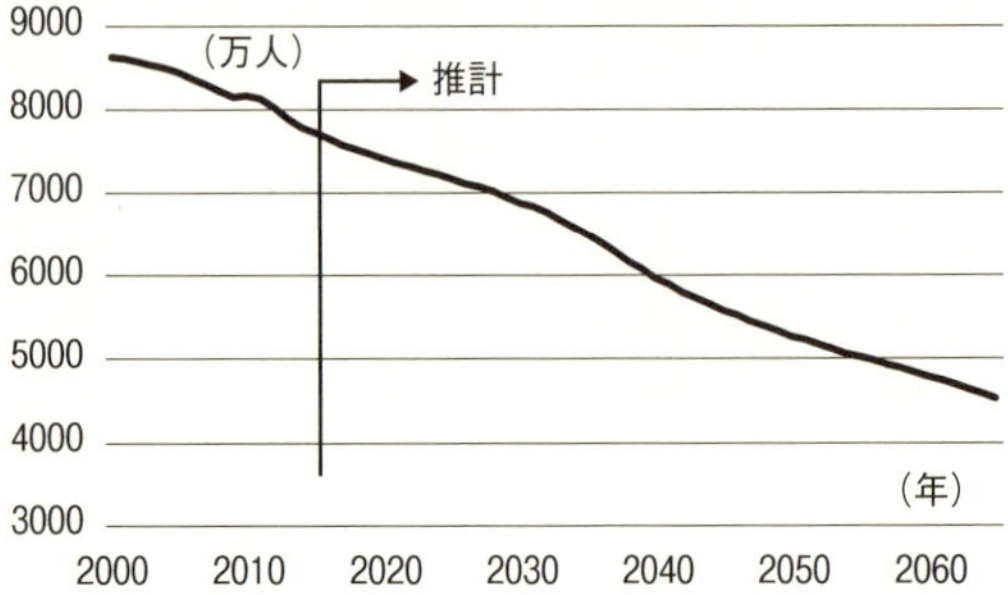

2015年からの変化率

2020年	-4.2
2025年	-7.2
2030年	-11.0
2035年	-16.0
2040年	-22.7
2045年	-27.7

（資料）　総務省「国勢調査」、国立社会保障・人口問題研究所「日本の将来推計人口」（平成29年）
（注１）　推計は出生、死亡とも中位
（注２）　生産年齢人口は15歳以上65歳未満の人口

まずは「平成の30年間の忘れ物」を取り戻すことです。前述の通り、平成の30年間は中小企業にとって過去の清算と体力の増強に努めた時期です。その間「労働生産性」への取り組みは不十分であり、収益性効率性という点で課題が残りました。財務的な改善を進め体力も回復した今こそ次の課題に向かって取り組むことが成長につながるはずです。

第二の理由が「労働人口減少時代に備える」ということです。プロトピア時代における日本の大問題に「少子高齢化及び人口減少の進展」があります。その問題に関連して「労働者の確保」が喫緊の課題となります。図9−1の通り、生産労働人口は今後減少の一途を辿ります。現状においても中小企業における人手不足は深刻で、規模の小さい企業ほど必要な労働力を確保できない状況にあります（図9−2）。こうした状況は景気循環の問題ではなく構造問題に起因していますので、今後の中長期的な課題

図9－2　企業規模別欠員率

欠員率＝欠員数（企業が業務を遂行するにあたり必要な人員のうち、充足されない人員数）÷雇用者数

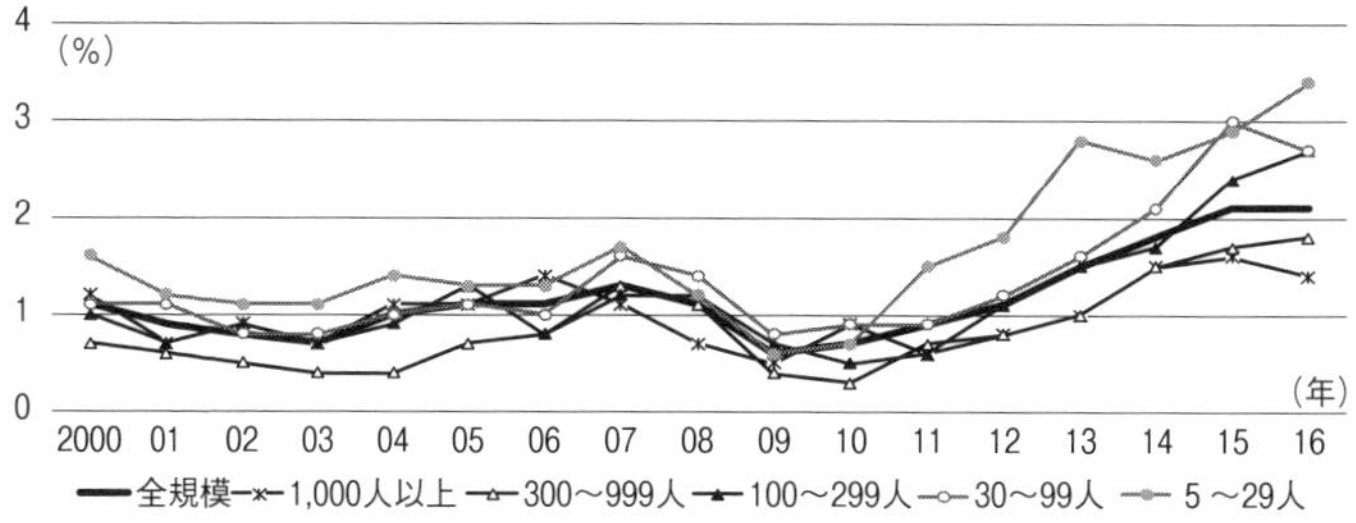

（資料）　厚生労働省「雇用動向調査」
（注）　企業規模は常用労働者数ベース

になります。労働者数が減少するということは「労働者1人当たりの価値が高まる」ことを意味します。したがって、労働者1人当たりの収益性を高めていかなければその重みに耐えられなくなるということです。中小企業では「定員割れ」が経常化する可能性がありますので、定員数そのものを減らしても維持できる業務体制を作る必要があります。その体制構築がうまく行って収益額を減らさないで済めば「労働生産性は高まった」ということになるのです。労働生産性を高めることは、社員一人の労働価値を高めることであり、少子高齢化・生産労働人口減少に対応する防衛策でもあるのです。

　第三の理由が「当社独自の武器」を作るためです。社員一人当たりの付加価値額を高めるためには、収益性を高めることが必要です。もちろん低コスト体質を作って利幅を拡げる戦略もありますが、売上に直結して利幅も増えるような「商品・サービス」を作ることは影響度が違います。そういった意味で「他社とは違う商品・サービス」を作る

ことは差別化そのものですし、イノベーション的な活動を活発化する契機にもなるのです。コスト低減だけに目をやるのではなく、攻めの労働生産性向上という観点です。

第四の理由が、労働生産性向上に取り組むことによって、結果として「付加価値重視の経営」を実現することにつながるということです。第三の理由とも関連しますが、社員一人当たりの収益性を高めるためには、常に「付加価値」を念頭に仕事をしていく必要があります。営業担当者であれば、漠然と営業活動を行うのではなく「もっと訪問効率を高めなければ」とか、「無駄に訪問数を増やすよりヒット率を高める方法を考えなければ」といった「営業本来の在り方」＝「営業の付加価値とは何か」を考えざるを得なくなるのです。営業部門に限らず全部門でこうした考え方を徹底することで、付加価値に直結する仕事を大事にし行動が変わる可能性があるのです。社員一人一人の意識を変えなければ労働生産性を高めることはできません。そういった意味で、労働生産性を軸に社員の意識を変え、教育を徹底することで会社自体が強くなるのです。

このように付加価値重視の経営が実現されれば、その会社は「変化に強く、レジリアント（強靭）な会社」になっているはずです。つまり「生き残る会社」になるということです。これが、プロトピアの時代に「労働生産性を軸とする経営戦略」を組み立てることがブレークスルーにつながる理由です。

図9－3

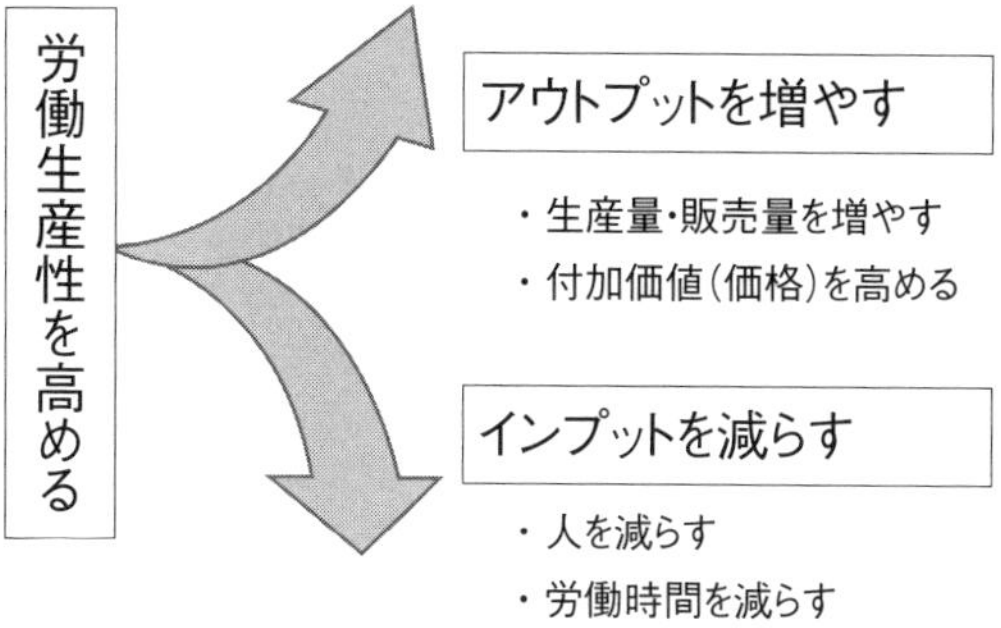

それでは、どういった観点で「労働生産性を軸とする経営戦略」を考えればよいのでしょうか。具体的には、「2つの視点」と「3つの要素」を使って考えるとよいでしょう。

まずは「アウトプット（産出）」と「インプット（投入）」という2つの視点です。労働生産性は、少ない投入量で多くの産出量を生むことがテーマになりますので、この2つの組合せで労働生産性が決まることになります。したがって、産出と投入をどうするか、という視点で経営戦略を考えればよいのです（図9－3）。

「アウトプット（産出）」については、成果物を増やすという観点が中心になります。具体的には、付加価値額を増やすということですが、利幅はもちろんのこと基礎となる販売量・生産量をどう増やすかということにもつながります。もうひとつの「インプット（投入）」は、投入量を増減させることで労働生産性を高めるということです。投入対象となるのが「ヒト（労働力）」「モノ（設備）」「ノウハウ・技術（TFP）」の「3つの要素」です。これが冒頭申し上げた「2

つの視点」と「3つの要素」になります。

ヒトについては「労働力」ですので、「人員を増やす」「労働時間を増やす」といった投入の仕方が考えられます。さらにいえば「投入単位」が変わらなくても「熟練度」が高まればアウトプットは増えるはずなので、教育訓練によって職務能力を高めるという方策も検討できるはずです。モノについては「設備投資」です。「生産設備を増やす」「機械のスペックをあげる」「店舗数を増やす」といった投入の仕方になります。ノウハウ・技術については「目に見えない無形資産」にあたります。この部分は「小さな改善効果」に始まって「革新的なイノベーション」レベルまで幅が広いものです。いずれにしても、この3要素を単独ないし組み合わせて投入（インプット）することで、労働生産性を高めることになります。

図9－4「生産性相関図」は、インプットとアウトプットの関係を整理した図です。

右下の「インプット不芳型」は、インプットを増やしているにもかかわらずアウトプットは減少している状態ですので、投資効果のない投入を行ったということになります。その対極にある「アウトプット注力型」「攻守均衡型」は、インプットは減っているのにアウトプットは増えているケースでプライシング戦略の見直しなどが想定されます。

いずれにしても、まずは「アウトプット」「インプット」の2つの視点について、どちらを中心に組み立てているのか、両方行うのか。そして、インプットについては3要素をどう組み合わせるのか、1つに絞り込むのかなど検討することは多いはずです。

図９－４　生産性相関図

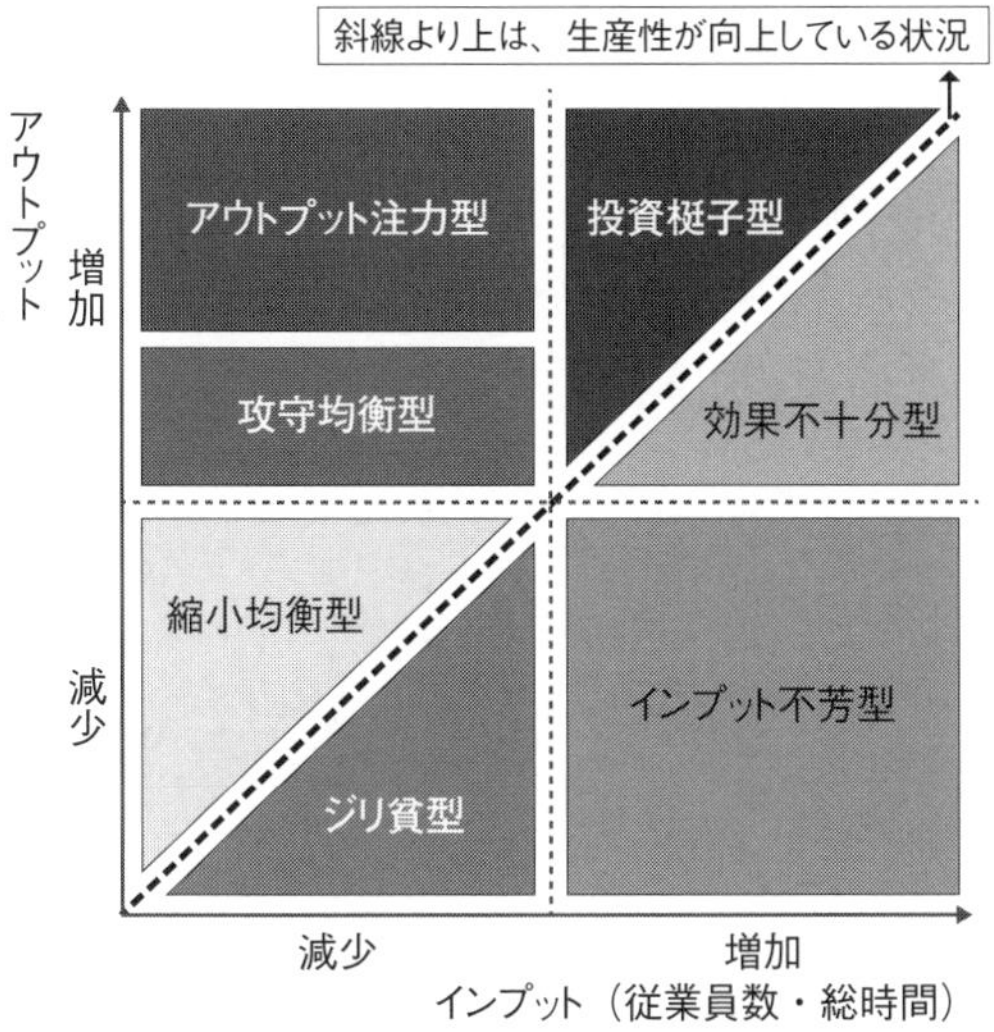

	タイプ	アウトプット	インプット	特徴（生産性の高め方）
生産性向上	投資梃子型	増加	増加	インプット（投資）をテコにしてアウトプットを増やす
	アウトプット注力型	増加	減少	インプット（投資）も削減しつつ、アウトプット増量に注力
	攻守均衡型	増加	減少	インプット削減とアウトプット増量をバランスよく実施
	縮小均衡型	減少	減少	生産性は上がっているものの、インプット削減が主体になっての効果
生産性低下	効果不十分型	増加	増加	インプット増量によりアウトプットもあがっているが生産性向上に結び付かず
	インプット不芳型	減少	増加	インプット増量の効果がアウトプットに出ていない
	ジリ貧型	減少	減少	インプット削減が、アウトプットの削減になってしまっている

経営戦略ですので「3年後には労働生産性を2割向上させる」といった夢を持ち、その夢に向かって現状の課題とのギャップを分析することが大事です。そのうえで、ギャップを解消するための3年間の道程、ストーリーを検討するのです。社員数を増やさないで2割の労働生産性向上を実現するためには、付加価値額を2割増しにしなければなりません。インプット3要素を投入しただけで実現できるのか、プライシングを含めたダイレクトなアウトプットの増加が出来るか等々、知恵を絞る必要があります。

日本の企業は「インプット」に着眼して「アウトプット」を高めようとする傾向がみられますが、中小企業の経営者には「アウトプット」にも着眼してほしいと思います。その一例を示すと「価格の引上げ」です。単純に価格を引き上げることができれば、コストは変わりませんので収益性が高まり、付加価値額は増大します。長いデフレ経済を経験して、日本の企業は「値上げ」「価格の適正化」に臆病になっている側面があります。しかし価格を引き上げることができれば大きく生産性を改善することができるのです。そういった意味でアウトプットに関連する「プライシング戦略」について考える時期に来ていると思います。詳細は次章以降に譲ります。

第10章

労働生産性を高めるためのヒント

本章では「労働生産性を高めるためのヒント」を紹介します。まずは、次の問題を考えてみましょう。

【問題1】スーパーマーケットのレジ担当者の付加価値は何か？
【問題2】小売業における店員の生産性とは何か？

いかがでしょうか？【問題1】を考えるヒントになる事例が、①スーパーのレジ担当者の大半がパート・バイトなのはなぜか、②スーパーの中にはレジ担当者の横に〝お包み担当者〟を置いている店があるがなぜか、③アマゾンなどがレジなしの無人店舗を始めた理由は何か、④百貨店で店員がいて良かったと思う場合はどんなときか、その回数は多いか、といった4つです。この4つに回答することで反射的にレジ担当者の付加価値も明らかになると思います。

まず①ですが、レジ業務は「精算」がメインです。商品をレジ打ちして現金・カード等で精算する業務です。スーパーではレジで最終的な売上が実現しますので、商品と値段を一致させて間違いなく精算するという仕事は重要です。しかし業務としては「確認」が主体で定型類型的ですのでコストの高い正社員ではなく、コストの低いパート・バイトに担わせているというのが実情でしょう。別の見方でいえば、スーパーでは来客者のニーズにあった品揃え、価格設定、広告や陳列といったところに付加価値があり、レジ場は付加価値を生まないので低コストで対応したいということでしょう。さらに顧客の目線で言えば、夕方の買い物集中時間帯に並んで待っていることはストレスそのものです。③のアマゾンの無人店舗は「顧客ストレス」をゼロにする手法として、レジ自体を失くしてスマホ決済としていますので商品を取って終わりです。つまり、重要ではあるが、人でなくてスマホで代替させることによって顧客満足度を高め、レジ担当の人件費も削減しているのです。②のお包み担当を置くスーパーは、全く違う観点でレジを捉えているのでしょう。②は高級スーパーで、品揃えも値段も一般スーパーとは異なります。来店客も富裕層主体になるはずです。本来スーパーマーケットは「セルフ」をビジネスモデルとしていますが、そこを差別化して「サーバント」としてお包み係を置くことで富裕層の総合的な満足度を高めているのだと思います。

このように考えると、販売品のレジ登録と精算が主体の「レジ担当者」の付加価値は限定され、接遇等は考慮に入れたとしても決定的な顧客満足度にはつながらないということなのではないかと思います。逆に④の百貨店は「利幅のある商品を店員の店頭販売で売る」ビジネスモデルですから、店員の付加価値は上がるはずです。商品知識、説明力、機転、接遇など総合的なもので販売を推進するのです。問題は「店員がいて良かったと思う」ことが実は少ないのではないかということです。近年地方百貨店の閉鎖の話が増えていますが、単純に市場縮小という理由だけでなく「店員による店頭販売」にトータルで魅力を感じない人の割合が増えているということもありそうです。店員がもたらす付加価値をもっと追究しなければ、百貨店の繁栄は遠くなるかもしれません。

ここまでくれば【問題2】も答えが出たようなものです。小売業における店員の機能＝接客・販売推進・精算・包装・陳列等＝は機能としても、生産性という観点でいえば「労働時間内で出来るだけ収益をあげること」が求められます。つまり様々な動機で来店した顧客に対し、販売意欲を高め、より多くより利幅のある商品を購入してもらい、かつ満足度を高めリピーターになってもらうといった行動です。こういったことが出来れば、所謂カリスマ店員といったように生産性の高い販売を行うことができるのだと思います。

次は別の角度から「労働生産性を高めるヒント」を考えてみましょう。具体的には「価格」です。前章で説明したように、利益の基礎となる売上は「単価×販売数量」の総和で出来ています。人口減少かつ実質賃金が上がらない中で、数量を大幅に伸ばすことはなかなか難しくなっています。一方、長いデフレ時代を経て、消費者は低価格に慣れ過ぎて企業側は価格マネジメントに臆病になっている気がします。そういった現状を踏まえて、次の例題を考えてみましょう。

【問題3】１００万円のブランド服が持つ意味は何でしょう。
【問題4】講演の講師のギャラの差は何が理由でしょう。

【問題5】日本の観光旅館の労働生産性が低いと言われる理由は何でしょう。

ある商社のトップが「日本製の1万円の生地を使って、欧州のメーカーが100万円の服を作っている。日本は原価を積み上げて値段を決めるが、欧州では原価ではなく『この商品にはこれだけの価値がある』というマーケットインの発想で値段を決める。ブランド作りが抜群にうまい」という話をされていました。

1万円のモノを100倍で売れる理由があるはずです。それは100万円の服を着ていく場所と利用目的が明確にあり、その値段が合理的だと判断できる資力を持った人がいるということです。ブランドは「認知」であり、それを使用することで自らの価値も高めることができるモノです。そこには顧客の商品群に対する確固たる信頼が存在します。また、周囲の人々、世間の人々からもそういった認知があるということです。

このブランドということに「価格をマネジメントする」ヒントがあるはずです。

次の【問題4】も面白い問題です。皆さんも経験したことがあると思いますが、ギャラの高い講師の講演が必ず面白くタメになるとは限りません。100万も払ったのにこの程度の話か、という場合も少なからずあります。一方、有名ではないがタメになる講演をする講師もいますが、ギャラが高いとは限りません。こうしてみると「講師の格付」は何が決めるのでしょうか。ここでも「ブランド」がものをいいます。例えば「知名度」です。TVで活躍している評論家、スポーツ界出身など誰もが知っているような講師です。また、「希少性」＋「旬・時機」も影響があります。北朝鮮問題の専門家は限られますし、危機が高まったような時期には誰もがテーマに興味を持ちますので需要は高まり、ギャラにも反映されるでしょう。また、地味であっても「口コミ」で評判が高まる場合があります。これは「実力」がギャラに反映する場合ですが、価格が上がるまでには時間がかかるはずです。

日本の観光旅館のおもてなしは世界有数ですが、必ずしも労働生産性が高いとは言えない場合があります。そこには費用対価格の問題があると思います。観光旅館はソフト産業でもありますが、装置産業的要素も大きく投資負担が重い業界です。投資回収は長期的に行う必要があり、加えて定期的なメンテナンスや模様替えが不可欠です。また、仲居さんなど従業員の確保も難しくなっていて、総じてコスト圧力が高いのです。一方、売上は基本的に「施設内の売上」に制約されます。また、その旅館以外の観光地全体の魅力、温泉の泉質、景観・歴史など総合的なものに影響を受けます。こういった環境下で木目細かいサービスを実施しようとすれば「相応の価格」を設定しなければ付加価値額も確保できないはずです。しかし、デフレ経済や実質賃金の問題、老後不安などが相俟って消費者の財布のヒモは固く、かつ、日本全国観光地である競争環境もあり、十分な価格設定が出来ていない実態があります。これが日本の観光旅館の労働生産性が高まらない理由だと思います。近年は、斜陽になった施設を低価格で取得しコスト圧力を下げて生産性を上げる事例や、ブランド旅館として十分な価格設定により生産性を高める事例が見られますが、地場資本の平均的な観光旅館は戦いの毎日だと思います。

ここでは「価格マネジメント」が、付加価値額に大きな影響を与えることを理解してもらえれば良いと思います。そして価格マネジメントから労働生産性にアプローチする方法もあるということを知ってほしいのです。

さて、ここからは「自分の会社では取り組んでいるか」という観点で、以下の質問を考えてください。

【非製造部門】

Q1．労働生産性に関する指標または目標を具体的に立てているか
Q2．安い労働力を用いることで「生産性の低い仕事を温存」していないか
Q3．生産性を高めるために「コスト低減」だけに焦点をあてていないか
Q4．会議時間を短くとはいうが「会議の生産性」を問うているか
Q5．人事評価を成果評価としている場合に「労働の質」を問うているか
Q6．正社員は「長時間労働に対応してくれる人」を重宝がっていないか
Q7．会社の将来を背負う人材を意識してエリート教育を施しているか
Q8．「戦力外中年」を放置していないか

【製造部門】
Q9．機械の働き振り（稼働率）や生産性をチェックしているか
Q10．製造部門の生産性向上は行っているが、営業・購買を含めた「全体の流れでの生産性」を意識しているか
Q11．人がやるべき仕事と機械がやるべき仕事について頭が整理できているか

これらの設問は、貴社が労働生産性向上に向けて活動を開始する場合に役立つ視点となるはずです。簡単に解説をいたしましょう。

Q1は、そもそも「労働生産性に関する目標」を立てているかという姿勢や視点を問う問題です。業績目標を持っている企業は数多くあるはずです。しかし、労働生産性という効率性と収益性をハイブリッドした観点で目標を立てている企業は少ないのです。観点としては「一人当たり〇〇」といった目標です。社員全員で共有する場合は「個人攻撃」に繋がらないような環境整備が不可欠ですが、社員一人一人が戦力なんだということを改めて教えてくれる指標になります。

Q2は日本全体が抱える問題でもあります。日本の社会が殺伐として無差別殺人などが起きるようになった背景には非正規労働者と正規労働者の格差問題があるように思います。バブル崩壊、リーマンショックという危機的状況のなかで、多くの企業は「正規社員」の雇用を守る

難しさ、切る難しさを感じたはずです。そうした中で「調整弁」かつ「低コスト」である非正規社員の雇用が増加したのです。しかし、有効求人倍率が低い供給過剰の状況にあれば別ですが、少子高齢化・団塊の世代の大量退職などを経て労働市場は激変し人手不足の状況となりました。こうした状況もあり、正社員比率が徐々に高まっています。少し横道に逸れましたが、中小企業においても非正規社員・研修生といった形で「低廉な労働力」を活用している場合が多いと思います。そのなかで、一考していただきたい問題は「低廉なコストを誰かに押し付けることで、本来は変革すべき仕事の中身が見直されない」ままになっているのではないか、ということです。もちろん様々な厳しい状況があることは理解していますが、低廉なコストに安住して本来早期に見直すべき仕事が温存されている状況は、企業の将来にとって好ましくないということです。

Q3は、前章でも述べたように「生産性を考える場合に投入（インプット）だけに目が向きやすい」ということを言ったものです。投入の3要素（ヒト・モノ・ノウハウ技術）によって生産性を高めることは基本です。間違ってはいません。ただ、アウトプットにも目を向けて「付加価値」「プライシング」という要素に注目することで展望が開ける場合もあることを知ってほしいのです。この点については後述します。

Q4は「会議の生産性」です。調べると分かりますが、多くの企業で「会議」に少なからぬ時間を投じています。時間はコストそのものです。ダラダラと長い会議をしたうえに、何が決まったかも分からないような会議では労働生産性など覚束ない話になってしまいます。そういった象徴的な存在として「会議の生産性」を問うわけです。会議には2種類あるように思います。ひとつは「意思統一、問題や情報の共有化を図る」場合と、「何かを決める、アイディアを出す」場合です。前者は社長の方針を社員全員に徹底する年度当初の会議が想定されます。こういった会議は、「より短い時間」で「意思統一（理解）」ができることが目的になりますので、伝える技術・聞く技術を磨くことが大切です。一方「アイディアを出す」会議では、「付加価値の高いアイディア」を出すことが目的になります。したがって、付加価値の高いアイディアが出なければ生産性はゼロです。この種の会議で散見される悪習が「関係部門全員参加」「会議時間2時間」といった設定をしたものの、「発言者は社長と部長2名課長2名だけ」だったとか、「原案は尖った面白いアイディアなのに会議をしたら平凡な安全策になっていた」というものです。例えば20人参加して5人しか発言しない会議に効率性はあると言えるのでしょうか。しかも2時間使って平凡なアイディアであれば意味がありません。こうした会議は「発言しなければ付加価値の生じようがない」ことです。したがってメンバーを厳選しなければいけません。また「大半が原案説明に時間を使った」というのではアイディア創出に時間がかけられていないことになります。このように、会議自体を見直すことで労働生産性は相当高まるはずです。

Q5は「成果を効率よく上げたか」という、まさに生産性のテーマです。そして、そうした生産性の指標が人事評価とリンクしているかを問うた問題です。社員個人の意識を変えるうえで「人事評価」は重要な意味を持ちます。その人事評価を活用して「会社で重視すること＝労働生産性」を伝えることも有効な方法となりえるのです。例えば１００百万円の売り上げをあげるために、A君は勤務時間内で対応したが、B君は時間外を50時間費やしたという場合をどう考えるかです。成果（結果）基準でいえば両者とも同じ評価のはずです。しかし、会社は50時間分の手当をB君に払っていますので「産出量÷投入量」の生産性を考えるとA君に軍配が上がりそうです。もちろん職階や経験年数など様々な要素が絡みますので単純には行きませんが、こうした効率性基準を入れることが「働き方改革」にもつながることを申し上げておきます。

Q６は、Q５と同じ問題です。非正規社員比率が高い会社では、正社員に後処理などの事務負担がシワ寄せされている場合があります。そうなると「時間外勤務をしても処理を終えてくれる」人材は正直助かります。しかし、会社が重宝に思っている反面、過重労働で疲弊していたとか、嫌気がさして退職したとか、ハードランディングにつながるリスクを抱えています。こうした労働生産性を無視した働き方を黙認して急場をしのぐのではなく「仕組みを変えて対応する」ことが本来効率化に役立つはずなのです。重宝する正社員は改革を遅らせている可能性があるのです。

Q７は、一見すると労働生産性の問題と無関係のようにみえます。しかし、組織を牽引する人材が生み出す付加価値は会社にとって大きな影響を与えます。そうした人材をより高い山に登れるようにすることが、会社全体の付加価値額を倍加させることにつながるのです。日本型社員教育は「平均的人材」に焦点を当てて、高いも低いも同じレベルの教育を行う傾向にあります。もちろん「平均点」を底上げすることも重要です。それと同じように、全体を牽引して付加価値を倍加できるような人材を育てることも必要だと思います。プロトピアの時代の「労働生産性」は平均点の底上げだけでは解決しないと思います。

Q8は、Q7の反射光的なテーマです。労働生産性を考えるときに、社員一人一人の重要性が高まっていることに着眼する必要があります。特に、マイナスとなっている部分は全体の効率性を押し下げる効果が大きいので放置できないのです。従来「もうあの年齢だし変えられないよ」という諦めや嘆きが大きかったと思います。しかし、年齢でいえば現在の年齢は昔より10年若返っているという説もあり、これから労働年齢の引上げも進むはずです。こうした中にあって「戦力外中高年」をどう再生するかは大きな問題であり、生産性に直結する問題です。

次は「製造部門」に関するテーマです。日本の製造業は、TQC活動を通じて現場の改善に努めて来ました。そして親会社の厳しい品質要請や価格要請に応えるために、生産性向上に熱心に取り組んでいます。しかし、まだ生産性を向上する余地はあるはずです。

Q9は、設備投資の意味を問うものです。典型的なものが「機械」に投資する場合です。投資する場合には受注できる仕事の予定やイメージがあって行うわけですが、実際に導入した後のマネジメントに問題があるように思うのです。例えば「稼働率」です。機械は動いてナンボの世界なので、導入後の稼働率が低ければ、余程利幅の高い仕事でもなければ労働生産性は低いレベルになります。「機械1台1台の付加価値額」に着眼することは、社員一人一人に着眼した労働生産性と同じことなのです。

Q10は、バリューチェーン全体での生産性を意識するということです。製造業においては、とかく製造部門だけに目が行きがちですが、製造部門の生産性を高めても購買や営業の効率性が低ければ、全体としての労働生産性は高まらないことになります。労働生産性を高めるためには、特定の部門だけでなく全体を通じての生産性という広い視野をもって対応することが求められるのです。

Q11は「生産性の更なる追求」です。「人」と「機械」の活用をどう考えるかです。生産労働人口が減少するなかで「人」には極力付加価値の高い仕事をしてもらいたいものです。全体のオペレーションのなかで、機械に任せる部分と人に任せる部分をしっかり整理し、最適の組み合わせによって最高の付加価値や生産性をあげることを志向していくことが必要です。

ここまで相当な紙面を割いて「労働生産性を高めるためのヒント」を問題形式で考えてきました。ここからは「価格マネジメント」を活用して「労働生産性」を高めることを説明します。

その理由は、「投入（インプット）の3要素」に関する生産性向上論が、いろいろな所で語られている一方で、中小企業における「価格マネジメント」についてはあまり眼にしないからです。前述の通り、長いデフレ経済や実質賃金の低い伸びを背景に、日本経済は「価格に臆病」な状況になっています。価格の適正化をすれば受注が得られなくなるのではないかという懸念は、どの企業でも抱えているはずです。

こうしたことを踏まえ「価格マネジメント」について考えてみたいと思います。

1 価格と労働生産性の関係

図10－1は、単純な「値上げ」「値下げ」で損益がどのように変わるかを示したものです。当たり前といえばそれまでですが、効果の大きさがあらためて認識できるのではないでしょうか。利益率もさることながら、仮に社員が100人の企業であれば、現在1百万円／人である労働生産性が値上げ後は5割増しになります。これを「インプット3要素（ヒト・モノ・ノウハウ技術）」で押し上げようとしたら大変なことです。

もちろん値上げも簡単ではありませんが、効果の大きさを考えると取り組まない選択肢はないと思います。労働生産性は「付加価値額÷期中平均社員数」ですが、付加価値額の基礎となるものが売上高です。売上高は「商品単価×売上数」の総和であり、トップラインに位置し「通常もっとも数字の大きい」部分ですから影響が大きいことは当たり前です。市場縮小のなかで数量が簡単に伸ばせないことを勘案すると、価格について再認識することが重要です。

図10－1　損益計算書の動き

	現在		5％値上げ後		5％値下げ後	
売上高	1,000	100%	1,050	100%	950	100%
売上原価	700	70%	700	67%	700	74%
粗利益	300	30%	350	33%	250	26%
営業経費	200	20%	200	19%	200	21%
営業利益	100	10%	150	14%	50	5%

最近人手不足が著しく、再配達など効率性が問題になっている宅配便業界で値上げが浸透しつつあります。これによって労働生産性が改善されたことはいうまでもありません。そもそも論で考えると、宅配便はファーストクラスのサービスをエコノミー価格で提供していたという仮説が成り立つと思います。サービスにおいて同時性（顧客と企業が同一時間同一空間にいる）ほど貴重なものはありません。お互いが時間と空間を共有し合うわけですから、コストがかかっています。しかも「明日の2時から4時の間に」といった時間指定まで無料でできるのですから、配達側の制約はより大きくなっています。したがって、筆者の解釈では「宅配便は値上げしたのではなく、価格の適正化を図った」に過ぎないのです。逆に「時間指定なく、宅配ボックス等に届ければＯＫ」という条件になれば、「電子メール」と同じで「同時性」がなくなりますので、配達側の負担軽減は大きいと思います。こうした宅配ボックス等の設備投資は「インプット（投入）」によって、再配達コストを低減する労働生産性改善ということができるでしょう。

話が少しそれましたが、価格マネジメント次第では「労働生産性」を高めることができるという事実を経営者に再認識していただくことが大事です。長いデフレ経済と消費低迷で「価格マネジメントに対する弱気」が支配してきましたが、あらためて「正しい価値を値段に反映する」という価格マネジメントによって現在の労働生産性を高める時期に来ていると思います。

2 価格のメカニズム

中小企業における一般的な価格設定の方法は、

①原価に利益を乗せて設定する

②購買者（市場）をみて「いくらなら買う」という形で設定する

③競合企業の価格設定と自社製品を比較して設定する

といった3類型が多いと思います。【問題3】のブランド服は②に近い設定とも言えますし、もう少し強気のプロダクトアウト型の価格設定「この価格で売れる価値をもっている」というタイプかもしれません。

日本では①③型が多いと思いますが、こういった設定方法では値上げ（価格の適正化）は難しいのかもしれません。それでは「受け入れられない値上げ」はどんな場合でしょうか。

●消費者への提供価値は変わらないが、原材料価格の単純な上昇を理由とするもの

●市場に代替品（変わりに安い値段で買える）があるもの
●購買者の購買力に限界があるもの（高ければ買わない、あるは低価格に移行する）
●下請け企業からの申し出（その価格でできる企業に発注する）

といったケースが考えられます。デフレ経済下では「企業努力が優先」つまり「コストを吸収する」べきだという買い手の論理が支配的で、ちょっとした原材料の値上げぐらいは吸収してほしいという雰囲気でした。また、競争が激しい市場では「代わりはある」ので、値上げすればシェアを落とすだけです。さらに、良いものなので本当は買いたいが、購入者の予算オーバーで値上げを受け入れられないという場合もあります。下請け企業の悲哀はさらに大きく、専属下請けなどでは他社で売上をあげることができず「言われた価格（指示値）」を飲み込むしかないといったことになります。

こうした話を聞くにつけ思い出すのが「値札のない八百屋」の話です。これは東日本大震災後の風評被害で苦しむ福島県の野菜を販売するにあたって、あるNPO法人が「値段をつけず」に店頭で試食品などを食べてもらいながら相対交渉で販売した話です。そして多くの場合に「生産者の希望価格」と「購入者の希望価格」が一致したそうです。詳しい事情は分かりませんが、相対の店頭販売では「商品説明を詳しく行う」ことと「風評被害に負けない適正価格を志向した」という2つの要素があったのではないかと推察します。商品説明においては「Aさんという農家さんが、こういう環境でこういった手間をかけて丹精込めて作った野菜で、こういう甘味があるし、こういう料理の仕方をすると美味しい」といった話をします。また「過度の儲け」を出そうとするのではなく、「余所の野菜と同条件で見てほしい」という「適正価格」を志向したことが購買者とWin-Winの関係を作ったのではないかと思います。

この話には「価格の適正化」を実現するためのヒントがあるように思います。まずは「コミュニケーション」を十分にとること、そして「Win-Winの関係」を意識するということです。商品価値を顧客に理解してもらう努力は不可欠です。自社だけで「こんなに良い商品なのに」と嘆いていても始まりません。何がどう良くて、買い手にとってどんなメリットがあるかを理解してもらうことが大事です。同様に「一人勝ち」という姿勢ではなく、「相手にも価格メリットを享受してもらう」ことで、長期的な信頼関係を構築するということです。そう考えると「値上げを可能とするメカニズム」は、次のようなものが考えられるのではないでしょうか。

- 購入者が「お値打ち」と感じる付加価値がある
- 市場にその商品に代わる代替品が見当たらない
- その商品のもつ付加価値をお客様に再認識してもらう
- 原材料等の高騰が明らかで、かつ安定供給に支障を来すことを理解してもらう

こういった点を参考に「価格の適正化」について検討してみると良いでしょう。

3　価格を上げるために障害となっていることは何か

価格を適正化する障害となっている事情を考えると以下のような仮説が浮かびます。

①下請け関係における「雁字搦めの一方通行慣習」の存在
②販売側の経営者の心理
③販売側の営業マンの心理
④購買側の心理・企業風土

まず「下請け」においては「指示値」という如何ともし難い商慣習です。本来価格は双方の対等な立場の下で交渉すべきですが、ティア1から連綿と続くサプライチェーンにあって「価格は親が示すもの」といった一方通行な面があります。まして売上の何割かを依拠しているような下請け関係であれば「モノ言えば唇寒し」です。「他社に廻す」と言われれば経営に影響が出ます。

また、デフレ経済が長期間続いたことが、中小企業の経営者から「価格マネジメント」という意識を奪ったようにも見えます。常に「競合他社に負けない価格」という下方ベクトルが働き、それが慣習となっていきます。もちろん「儲けの出ない先の売上は落とす」といった決断をした経営者もいると思いますが、それでも「売上高が落ちる」という姿は経営者にとっては面白いものではありません。金融機関の手前もあり減収減益といった言葉は使いたくないものです。

営業マンの心理も「挑戦心」から遠くなっています。議論は「価格」だけになってしまうのです。本来営業マンは、自社製品の良さや使う側のメリットなどを含めて総合的に勝負するべきですが、説明力やサービス全般の力も不十分で相手も聞く耳を持たなければ「価格だけ」が焦点となるのも仕方がありません。

購買者も「値上げを許さない」という姿勢が強すぎるように思います。特にBtoBにおいては購買側が「値上げ受け入れの稟議など書けない」といった風潮が強く、「販売側の自己努力で吸収させる」という印象です。その一方で、日本全体ではデフレ経済は良くないとか、なぜ物価が上がらないのかとか、実質賃金が低いとか問題視していることが滑稽に感じられます。個の値上げは反対だが、個の集合体である日本経済においてデフレは悪影響というのもご都合主義的ではあります。

こうした姿勢を生む根底には「Win-Winの思想」が欠如していることがあると思います。本来ビジネスは互恵が前提で、それが長期的な信頼関係につながるはずなのですが、「勝つか負けるか」といった思想がいつからか強くなって「相手を泣かせる」ことが平気になっています。「貧すれば鈍する」という言葉がありますが、余裕が無くなって長期的な視点でビジネスを行う慣習が薄らいでいるのかもしれません。

こうした環境下において、もうひとつ考えなければいけないことが「価格へのこだわり」です。

本来「価格」は商品価値を象徴するものです。あるいは購買者の評価です。したがって、自社商品やサービスに拘りがある企業ほど「価格」へのこだわりがあって良いはずです。また、価格は利益の源泉でもあります。したがって、自社の成長や再生産可能となる適正な利潤を確保するためにも、価格には拘る必要があるのです。平成の30年間の経営環境に鑑みれば、経営者としてやむに已まれぬ事情があったことは理解できますが、その一方で「価格を守る」「価格を適正化する」といった取り組みが弱くなっている面もあるので、その点は大きな課題としてとらえる必要があると思います。

そのためにも中小企業には2つの努力を提言したいと思います。ひとつは「プライシング戦略」について基礎から学ぶということ、もうひとつは「価値を認めてくれる市場や顧客の開拓」ということです。

中小企業の一般的な傾向として、実務・経験から学ぼうとすることが多いと思います。しかし、プライシングに対する考え方や戦略について専門書やテキストに触れて勉強することも大事だと思います。「理屈ばかりで使えない」と言うのではなく、「理屈を押さえて」活用することが大事なのです。自分の経験だけでなく他人の知恵を借りることで、着眼点が拡がることも多いはずです。

そして「自社製品の価値やサービスを認めてくれる顧客の開拓」も不可欠です。現在の営業基盤の中で勝負することも大事ですが、新しい世界を拓くことも大事だと思います。ある自動車系部品のお客様が「イノベーションに近い商品開発をして、国内のメーカーに持っていくと『いいね、これ。それで値段は安くしてくれるの?』となる。欧州系のメーカーに持っていくと『いいね。これをどう使うとうちの付加価値が上がるのかな』となる。国内メーカーに新製品を持っていくのが嫌になる」という話を聞いたことがあります。

もしこうした話が事実であれば、大手国内メーカーの未来は危ないかもしれません。安くする だけの発想では狭くなります。欧州系メーカーのように自社製品の付加価値が上がって、それが高く売れれば収益もとれるし、新製品を開発した中小企業にも相応の価格で支払うことができるではありませんか。それこそが、Win-Winの関係で発展的です。良いものを出しても叩かれるのではモチベーションも上がらず、イノベーションなど起こりえないでしょう。自社製品の付加価値をしっかり認めてくれる顧客を開拓することは、根本的に重要なことです。そして、間違いなく労働生産性を高める力になります。

4 購買担当者は「王様」か、使命に悩む「サラリーマン」か

BtoBの商売において「価格」に重大な影響を与える存在が「購買担当者」です。価格を適正化するにしても、この窓口を通じてやることになります。そこで、購買担当者についても少し考えてみたいと思います。

購買担当者は購買権限を握り、納入業者を下僕のように扱う「王様」なのでしょうか。それとも、彼なりに自分の仕事や使命と葛藤する一人の「サラリーマン」に過ぎないのでしょうか。

簡単には答えが出せない問題ですが、大手の購買担当者が「王様」のように振舞っていたとしても、その実情は悩み多きものであることは間違いなさそうです。まずもって大企業ほど購買ラインの関係者の人数は多いはずです。したがって、いろいろな上司や関係者の目線と擦り合わせが必要なはずです。第二に、大企業ほど「リスク」「コスト」など「価格決定に関する論理性」を求められるはずです。大企業では「勘で決めました」と稟議に書くことはできません。様々な角度から総合評価して決定したという理屈が要るのです。第三に「情報と戦う」必要があります。特注品でもない限りは常に競合品が存在します。情報の時代です。様々な商品情報が氾濫し、選択可能な商品が多い中でベストアンサーを出さなくてはなりません。価格が高く大きな買い物であれば、これらの作業はよりプレッシャーが強まるはずです。

こういった意味で、大手企業の購買担当者もフタを開ければ「悩めるサラリーマン」なのか

もしれません。強圧な顔の裏には彼自身のプレッシャーが反映されているのかもしれません。そこで、彼のバックボーンをしっかり把握することは大事です。当社の購入決定ルート、重きが置かれる評価要素、キーマンの関心事、競合他社の状況などを押さえて、そのうえで購買担当と向き合う必要があるでしょう。

また「値札のない八百屋」の話であったように、コミュニケーションの重要性を再認識して再構成する必要があります。現在の関係は「信頼の基礎」が出来ているか、相手から悩みや問題点を聞くことのできる踏み込んだ関係になっているか、自社の強みや商品の付加価値を適切に理解してもらっているか、といったことを対話のなかで深めていくことが必要です。

5 中小企業だからこそ「価格マネジメント」が重要だ

価格をコントロールするためには、ここまで説明してきた様々な取り組みが必要です。しかし、最も重要なことは、価格コントロールできるだけの「商品価値」を持つことです。「商品カタログ」を使ってスペックを誇ることも大事です。圧倒的なスペック差がある、これは差別化に役立つかもしれない。その一方で、カタログでは表現できない「総合的な処方箋」の提示ということも価格コントロールに必要な取り組みだといえるでしょう。

商品とはカタログに載れば単品で評価され、競合商品とのスペックや価格を比較されることになります。しかし、購買者の購買動機は様々です。工場内でこういった問題や課題がある。それを解決する手段として設備投資を選択した、それがたまたまこの商品だったということです。逆に、その課題や悩みについて独自の処方箋を書くことができれば、お客様の期待を上回り「手放せない提案」になる可能性が出てきます。

こうなると「カタログ」上の単品勝負ではなくなります。処方箋での解決案の提示ですから付加価値は何倍にも大きくなり、その付加価値を構成するひとつとして商品機械が評価されるのです。この商品を買うと「得しますよ」というだけでなく、「このタイミングで買う」「こういう買い方をする」「こう使う」といったことまで相手に理解してもらうことで「値段以外の要素」で評価を受けることもできるはずです。

こういった意味で、中小企業は様々な方法で「価格マネジメント」を研究する必要があります。

中小企業にとって着眼すべきは「ブランド化」という考え方です。こういう話をすると、中小企業が「ブランド化」なんて出来るはずがない、という声が聞こえてきそうです。しかし、あなたの会社にはお客さんが存在し、長年貴社製品を愛顧してくれているとすれば、大小は別として「ブランド」が存在しているということがいえるはずです。お客様にとっては「あなたの会社と取引することが円滑な仕事につながる」「あなたの会社の商品は安心だ」「あなたの会社の商品で当社の付加価値があがる」と考えているからこそ、取引を継続しているのだと思います。

ブランドというとビッグネームの「ブランドお化け」のような会社が頭に浮かぶかもしれませんが、それだけがブランドではありません。自社の顧客から「なくては困る」「やっぱり良い」「あそこが安心」といった評価を受けること、その認識こそがブランドなのです。こうしたブランド化が出来れば、必ず価格マネジメント力は高まります。そういった意味で、価格マネジメント力を高めるためにも「ブランド化」を目指すことは重要な活動ということができるでしょう。

そもそも「ブランド」とは何でしょうか。

いろいろなポイントがあるとは思いますが、ひとつは「名乗り」「主張」だと思います。自社や自社製品の良さをしっかりと主張することが「ブランド化」のスタートです。そしてブランドは「購買者の選択を容易にする」ものでもあります。多数の情報や製品が氾濫するなかで、間違いのない商品選択をお客様にしてもらう。つまり「信頼」を届けるということです。当社の製品を買って使うことが、購買企業の付加価値を高めることになるということです。そういった意味では「確かな価値を提供する」ことがブランド化でもあります。確かな価値を届けるためには、確かな価値を正確に理解していただけるような説明が必要です。

そしてブランドとは「製品・サービスに関する全てのこと」「総合的なこと」が源泉になる

ことを忘れてはいけないでしょう。あの会社の営業マンはいつもハキハキしていて礼儀正しい。あの工場に行くと工員みんなが大きな声であいさつしてくれる。こういう社員たちが作っているから、あの会社の製品は素晴らしいのだ。こういったトータルの企業イメージがブランドに結びつくことも多いのです。

価格マネジメントを行ううえで、ブランド化への取り組みは有益かつ腰の据わったものにする必要があります。会社の地力をつけて、そのうえで本気で「価格の適正化」に挑戦する姿勢といってもよいでしょう。

最後に、価格の適正化に取り組むうえでの着眼点を4つ紹介したいと思います。

ひとつは「本気で取り組んでいるか」ということです。価格を適正化するということは「営業だけの仕事」ではありません。全社を上げて取り組まなければ実現できないことです。営業だけに発破をかけても物事は進みません。

二つ目は「自社商品の価値作り」を意識して行うことです。自社製品や自社サービスの付加価値を徹底的に追求して、販売・生産・購買・開発・財務などが一体となって取り組むことです。

三つ目は「価値の整理と理解」です。価格の適正化には顧客とのコミュニケーションが不可欠であり、相手に説明するためには、社内で全員がその価値を共有し理解することが前提となります。多くの企業が自社の強みを知らないままに「何となく商売」をしています。何となくでは力が出ないのです。自社の付加価値を整理し、理解することで自信が生まれ、堂々と主張できるような社員が育つのです。

最後が「付加価値を理解してくれる顧客の開拓」です。これは時間や手間がかかる取り組みです。くじけそうになることも一度ならずあるはずです。しかし「自社製品の真の価値」を理解してくださるお客様ほど心強い存在はありません。そうした出会いは至福でもあります。そういった意味で、腰を据えた営業を展開する必要があるのです。

本章では、労働生産性を高めるために様々な着眼点を紹介しました。そして「価格マネジメント」というアウトプットに直接作用する方法についても説明しました。前章でも説明した通り、プロトピアの時代に「労働生産性を軸とする経営戦略」を組み立てることは極めて意味があります。そして、労働生産性を高めるために「2つの視点」「3つの要素」を認識して、創意工夫を凝らすことが必要です。とりわけ「価格のマネジメント」には再注目してほしいと思います。

第11章

レジリアントな組織の構築

第四の突破口（ブレークスルー）は「組織戦略」です。

わたしたちは「組織」という言葉をよく口にしますが、組織とは何でしょうか。組織という以上、複数の人間が参加しています。そして、集まる目的があるはずです。組織とは「何かの目的を実現するために、複数の人が集まって活動する集合体」ということになります。この集合体が大きくなれば統率を取るために規律や指揮命令系統、役職階層などが作られることになります。

それでは、プロトピアの時代に必要な「組織戦略」とはどういったものでしょうか。

一言でいえば「レジリアント（強靭・復元）」であるということだと思います。プロトピアの時代は、変化の速度や振幅が従来とは比べものにならない時代ですので、経営環境が変わっても「社員全員の力を社長の旗を振る方向に集中させる」ことが必要です。また「打たれ強さ」「復元力」も必要です。大きな変化に対応できることも大切ですが、痛みを負ったときに素早く元に戻すことができれば事業継続は可能です。

東日本大震災発生後の7月に、筆者は仙台支店長として着任し復興の仕事に携わることになりました。そのなかで、多くの企業のビジネスモデルの再構築や復興のサポートを経験することができました。震災による大きなダメージのなかで、強い復元力を見せていただいた事例がいくつもあります。そのなかで学ぶことが数多くありました。

ある水産加工会社では、生産拠点がほぼ壊滅したうえに大番頭を失いました。社長も70歳近くで、こうした状況から再生を諦めるのではないかと拝察していました。ところが、お会いした社長は「すぐに工場を建てるので資金を用意してほしい」と意気軒高です。この社長のエネルギーはどこから湧くのだろうか。将来にどんな絵を見ているのだろうか。そんなことを思いましたが、社長は次から次へと再建策を進めていくのでした。

早々の工場建設宣言に続き、販売先・仕入先・金融機関・行政などステークホルダーへの協力依頼に奔走します。「三陸の豊穣な水産物を切らしてはいけない」「必ず復興する」という執念にも似た社長の想いが社員にも伝播したのでしょうか、避難していた社員も次々と復帰して早々に体制は整いました。残された家族のために会社で米を炊いて社員に持ち帰らせるなど気配りも怠りありません。

愚痴など一言もこぼすことなく「自分の会社だから自分でやらなきゃ」と積極的に行動し、発信し、廻りを巻き込みながら復興へ一直線に駆け抜けた印象です。「天は自ら助くるものを助く」と言いますが、震災の大きな教訓は「復興は自らの強い意志と行動が原点」ということです。こういう経営者の廻りには必ず支援者の輪ができます。共感が共感を呼び、協力体制が出来上がります。一方「政府支援」や「他者の支援」を待っているだけでは復興は遅れるばかりです。自分の失敗ではなく、天災による大きな傷にやりきれない気持ちを持つことは当然だと思います。しかし、企業の再興という観点でいえば、天は自ら助くるものを助くのであって、そこに復興のスピードや内容の差が生じてきます。

のちに社員の皆さんに話を聞くと「社長の姿を見て『この人について行けば大丈夫だ』と思った」「自分の生活を再建するためにも糧を得る必要がある。会社が再建することで自分も幸せになれると思った」ということでした。行政や金融機関でも「復興への意思と行動力を見れば協力したくなる」という話を聞きました。強いリーダーシップの下でレジリアントな組織が出来上がり、廻りの共感が大きな支援体制を生むことを学んだ毎日でした。

レジリアントな組織の第一の条件は「社長の不屈の意思」ということができると思います。そして、行動力・発信力・気配り力を含めた「総合的な経営力」が問われるのです。レジリアントな組織は「社長との一体感」があります。「社長とともに歩むという社員の姿勢」です。社長の素晴らしいリーダーシップの下に社員が一枚岩となれるような組織がレジリアントであるのです。

それでは「レジリアントな組織」を作るための別の着眼点をご紹介しましょう。

レジリアントな組織では「大きな経営環境の変化が起こった場合でも、社員の力を社長の指揮する方向に転用できる」ことがポイントです。そのためには組織を構成する「社員教育」が重要な意味を持ちます。社員一人一人の価値感は多様であり、この多様な価値観を一つの方向に向けるためには「軸となる共通の価値」を浸透させることが不可欠です。経営者の決定や方向性に「共感」して、目的実現のためには「職務を超えた行動」にさえ移せることが復元力や強靭さにつながります。

それでは「社員を変えていくための観点」を幾つか示します。

①社員の目線を「内向き」から「外向き」に変える
②ひとつの見方に固まらないように「多様性」を受容できるようになる（同質性からの脱皮）
③当社の「基本的な価値感」と、その価値感が「社員のハピネス」につながることを共有する
④創造性や楽しさを感じられる仕事、権限、意思決定の在り方を設計する
⑤社内のあらゆるネットワークにおけるコミュニケーション密度を高める
⑥会社の価値感が反映される「ウソのない一貫した社内制度」を作る

1　社員の目線を「内向き」から「外向き」に変える

組織に長くいると「内向き」な姿勢が強まります。自分の利益、自課の利益といった具合に「世界が狭くなる」傾向にあります。こうした動きは組織の「硬直化」を招く一番の要因になります。

世界は大嵐で大変なことになっているのに、我が世界はまるで小春日和の昼下がりのように

平和を享受しているのです。社長が「世界は大嵐だ」と叫んでも「また社長が言っているよ」といった調子です。これはレジリアントな組織には程遠い状態です。

社員の眼を「外向き」に変えるためには「刺激」が必要です。世の中の動きを感じ、そのなかで自社の立ち位置や自分の立場が理解できるような研修や活動を行うことです。外部講師を招いて社員研修をすることも一つの方法です。親密な経営者仲間の協力を得て「工場見学」や「社員同士の意見交換会」などをしても良いでしょう。あるいは、朝礼において「新聞を読んで感じたこと」を、社員一人一人に発表させるといったことも刺激になるでしょう。大事なことはこうした取り組みを継続することです。

2 多様性を受容できる（同質性からの脱皮）

これも日本の企業にありがちですが、組織風土に合わない社員がいると「変わり者」といった悪いレッテルを貼り、ラインから外したり、十分な活用を行わなかったりします。

プロトピアの時代に最も大事なことは「多様性」です。いろいろなモノの見方ができる人を揃えることです。それが変化を感じ取り、変化に対応する早道なのです。中小企業こそ「ダイバーシティ（多様性）」を本気で考える必要があります。

中小企業の場合、中途入社も少なくないのでそうした人材を発火点にすることも方法です。

ただ、発火点には物足りない場合もあるはずなので「外部機関や他社との連携」を契機に「人材交流」を図る方法を検討すると良いと思います。要は、立場の違う人間と一緒に仕事をするなかで「気づき」を得ることです。社内では「固定観念」が出来上がっていても、その常識は「非常識」である場合もあることを知ってもらえればいいのです。

また、経営コンサルタントなどと一緒にプロジェクトを行うことで学ぶこともできます。もっとも相当程度入り込んで、一緒に行動してくれるようなコンサルタントでないと意味はありません。コンサルタントに学ぶことは「スキル」だけでなく、「着眼点」「考え方」もあるはずです。これも多様性を得るひとつの方法です。

3　基本的な価値感の共有と社員のハピネス

多様な価値感をそのままにしておけば、ベクトルが四方八方に向かってしまいます。最近「企業理念が良い会社を作る」といった議論がありますが、「同じ方向に力を集約する」ために必要な共通の価値感を持つことでベクトルを束ねるのです。

そして、その共通の価値感が「社員のハピネス」とどうつながるかを理解させることが大事です。滅私奉公といった言葉は遠くなりました。自分の幸せや遣り甲斐のために働く人が大半です。そういった状況のなかで、どれだけ素晴らしい企業理念であっても社員の気持ちとシンクロナイズしなければ機能しないと思います。つまり企業理念という共通の価値感を、どれだけ丁寧にブレイクダウンして理解してもらうかです。

具体的にはどうすれば良いのでしょうか。

これは経営者の創意工夫次第です。朝礼で毎日短い講話を通じて価値感を浸透させている企業もあります。これは、企業理念を自分の職務にどう反映させるかを年度当初に提出させている会社もあります。これは、自社の社員の顔や組織風土と相談しながら方法を考えればよいことです。

ポイントは「心に残る」ということです。ふとした瞬間に、企業理念を反映した行動が取れるような社員を作るためには、心に刻む必要があります。継続して勉強させることも大事です。時にはハッとするような逸話を紹介することも大事です。社員の心に刻まれているかをしっかり確認しながら活動を行うべきです。

4 創造や楽しさを感じられる仕事

職務の多くは定型類型的なもので、それが悪いという訳ではありません。必要な仕事をしっかりやってもらうことが大事です。

一方で「多様な見方」「柔軟な見方」は、自由や楽しさを必要とします。変化に敏感で、変化を受容するためには多様性や心の柔らかさが必要です。こうした見方ができる社員が一人でも多くいれば、その組織のレジリアンスは高まるはずです。

そういった意味で「創造性を育む」「楽しさを感じる」ということが大きな力になります。そのためには現在の仕事の与え方やプラスアルファの何かを考える必要があります。ひとつは「自主性」です。自らが決めることができる部分を与えるということは創意工夫の余地を生みます。それから「一時的な配置替え」といった方法もあります。自分のポジションを別の立場でみることは「気づき」が生まれます。こうした気付きを得ることが「もうひとつの自分」を作ることに役立ちます。「楽しさ」は個々人で感じ方が違うので、一律的な方法は馴染まないでしょう。大事なことは「対話」です。人には承認欲求もあれば、言いたいこともあります。ただ聞いてくれる場所や人がいないことが多いのです。仕事で楽しさを感じるためには、できるだけストレスを解放することです。ストレスは物理的な制約だけでなく閉塞感からも生まれます。

こうしたことを考えながら、仕事の与え方、権限、物事の決め方などを再設計すると活力ある社員が増えるのではないでしょうか。

5　コミュニケーション密度を高める

最近「ＬＩＮＥ」のビジネス版であるラインワークスを導入したという社長さんと話をする

機会がありました。導入の意図はコミュニケーションの密度を高めるためとのことでした。最近の若者にとってＬＩＮＥは日常最も利用するコミュニケーションツールです。チャットですのでメールとは違うテンポがあります。若者が最も使い慣れたツールを活用することで、気軽に報告や相談ができる契機としたということです。

実際に若い社員が現場で困っているときに、写真を撮ってＬＩＮＥで即相談といったこともあるようで、壁が一枚取り払われた感があるとのことでした。もちろん経営者によっては否定的に捉える方もいると思います。しかし、大事なことは何を使うかではなく、コミュニケーションの密度を高めることだと思います。仮にＬＩＮＥを経常的に利用しても、そのなかで人間理解が進めば口頭・面前でのコミュニケーションも進む可能性があります。

ある調査によると中小企業における退職理由で最も多い内容が「対人関係」つまり人間関係だそうです。人間関係をこじらす一番の原因は意思疎通のまずさです。会話が豊富でお互いの性格や考え方が理解できていれば「許容範囲」も拡がるのです。コミュニケーションが少なければ、一つ一つの言葉が「爆弾」となる場合があります。人間関係が壊れることは簡単なのです。

各企業ともコミュニケーション密度をあげるための何らかの取り組みを行っていると思いますが、レジリアントな組織を作るうえで「社内ネットワークの濃密化」、そのための「コミュニケーションの活発化」は非常に重要です。

「飲みニュケーション」も最近は見直されています。また、共通の話題作りやその人の趣味や考え方を知るために「朝礼での自由発表」、あるいは「部を跨いだプロジェクトチームの結成」といったやり方を取っている企業もあります。社員の意見を吸い上げる意味で、年に1度「モチベーション調査」といったことをやってみる手もあるでしょう。いずれにしても対話・会話が増えるような仕組み作りが突破口につながります。

6 ウソのない一貫した社内体制

これは人事制度や褒章制度などの社内体制や、毎日の仕事の運用方法などをさします。例えば「会議でたくさんの意見が出るように『誰が言ったかではなく、何を言ったか』を方針としよう」としているのに、実際に会議場所に行ってみると席順は職階順で、発言順序も上司からといった運用をしていては「ウソ」になります。しかも最後は「社長の演説」を聞いて終わりでは何も変わらないという話です。

多くの社長さんが「良い事」を言っているはずです。しかし、言っていることと社内体制や運用が矛盾していることが少なからずあります。社員は「ウソ」を見逃してくれません。ウソが分かった途端に防衛的な姿勢に変わります。それでは社員を変えることはできないのです。

企業理念や共通の価値観が「社内の各制度や運用」に一貫されるよう最善を尽くす必要があ

ります。それが社員との信頼の基礎になって、価値感の浸透が図られるのです。

本章では「レジリアントな組織」を構築するヒントを説明しました。レジリアントであるためには、社員一人一人を基礎として変化を感じ変化を受容できる人材を作る必要があります。そして「いざ鎌倉」といった場合に、全員が社長の振る旗をみて同じベクトルで行動できるだけの「価値感（企業理念）」を浸透させることです。そして何より大事なことは「社長自身の良きリーダーシップ」の存在です。これらが組み合わされたとき、プロトピアの時代に生き残れるだけの強靭さが組織に生まれるのです。

第 12 章

中小企業だからこそ出来るイノベーション

第五の突破口（ブレークスルー）は「イノベーション」です。

イノベーションは成長に欠かせないものです。日本企業に一種の停滞感が漂う背景にはイノベーションが生まれず、「成長の切り札」を得ることができない状況があるはずです。イノベーションによって、企業は未来を拓くことができます。これは挑戦によってのみ得られる特権です。プロトピアの時代に生き残りを賭けるために、中小企業はイノベーションに取り組む必要があります。

一方、イノベーションという言葉を聞くと「中小企業には縁遠いもの」とか「研究開発費や人材もいないので難しい」といった弱気な考えが浮かぶ経営者も多いと思います。イノベーションという言葉が与える「とてつもなく高い山」「大発明」といった印象が経営者を委縮させるのです。

それでは「イノベーション」とは何でしょうか。中小企業には実現できないことなのでしょうか。

イノベーションとは「今までとは違う着眼点での仕事」と解釈すればよく、中小企業であってもやる気次第で十分実現できるものです。少し硬い話になりますが、ＯＥＣＤ（経済開発協力機構）の「イノベーション戦略」のなかには、イノベーションの4つの類型として「製品・サービス」「生産工程・流通」「組織」「マーケティング」があげられています。わたしたちが「イノベーション」と聞くと画期的「製品・サービス」の開発といったことがイメージされますが、それは一部に過ぎません。生産プロセスや流通プロセスを変えることもイノベーションです。新しい組織作り、マーケティングの在り方もイノベーションなのです。

例えば「製品」のイノベーションでは「自社にとって新しいもの」を指し、「自社の市場において新しいものである必要はない」とか、「自社にとって新しい商品・サービスを市場へ導入する」ことといった説明がされています。「組織」においては、業務慣行・職場の組織編成・他社や他の機関等社外との関係に関して、「自社がこれまでに利用して来なかった新しい組織の管理方法」といった表現がされています。

このように「イノベーション」を敢えて「大変革」「大発明」といった形で捉える必要はないのです。イノベーションとは自社にとって「今までとは違うビジネス」を作ることであり、新しい着眼点で経営の各領域を見廻してみることが大事です。経営学の世界に「両利きの経営」という言葉があります。大谷翔平選手の二刀流とも似ていますが、要は「知の探索」という右手、「知の深化」という左手、この両手をあたかも利き腕のようにバランスよく使いこなすという「イノベーション理論」です。自社の経営資源を見回せば幾つもの「暗黙知（言葉にできない経験知やノウハウ）」があるはずです。こういった暗黙知を深めていくことが「知の深化」といえるでしょう。逆に、従来自社にはなかった新しい領域や知恵・技術を探索することも必要で、これを「知の探索」といいます。イノベーションに挑戦するうえで大事なことは、「大変革」「大発明」といった言葉の大きさやイメージに委縮することなく、自社にとって「新機軸」

を打ち出すことなのです。

それではどのようにして「イノベーション」に挑戦すれば良いのでしょうか。考えるヒントとして、大企業でイノベーションが活発化しない背景を考えてみます。具体的には6つの問題点があると思います。

①最初から「当社には無理だ」という一種の諦念、アニマルスピリットの欠落
②結果としての「異能者」の排除（バランス感覚のない人物、非常識）、組織の同質性
③安全運転意識の強さ、失敗への恐れ（失敗したら誰が責任をとるのだ）
④権威主義的な風土（誰が言ったかが大事で、何を言ったかは劣後）
⑤オープンな取り組み、小さく若い組織（ベンチャー）との対等感の欠如
⑥短期的な成果に拘り過ぎる

まずは挑戦する前に諦めてしまうというハートです。ケインズに「アニマルスピリット」という経営者の蛮勇を示す言葉がありますが、「うちの体制では無理だ」「うちの人材に出来るはずがない」という気持ちでは取り組みさえスタートしません。

そして「異能者の排除」、言い換えれば「同質性から脱却できない」ということがあると思

います。イノベーションには「知の探索」「知の深化」が不可欠です。イノベーションの多くは既存知の組合せで生まれるといいます。ということは組み合わせる「着眼点」が極めて重要であり、付加価値があるということです。従来とは異なる機軸でモノを見なければならないときに、異能者を排除しているとすれば着眼点を失っていることと同じです。懐深く「異能者」を活用するという視点も必要ではないでしょうか。

第三が「失敗に対する過度の畏怖」です。大企業は失敗が大嫌いです。挑戦をしようとすれば「失敗したら責任が取れるのか」と来ます。これでは挑戦しようとする人間はいなくなります。松下幸之助のように「やってみなはれ」が挑戦の源泉なのです。挑戦には失敗がつきものであることを共通理解とするべきです。

また「権威主義的な階層や意思決定構造」にも問題があると思います。本来仕事を追求すれば「目的が実現」されることが優先されるはずです。したがって目的を達成するためのアイディアがあれば、誰のものであっても採用すべきです。しかし「社長が言っているから」とか「部長の決定だから」といった諦めの言葉がよく聞かれるのです。誰が言ったかが大事で、何を言ったかが重視されない組織に「自由闊達さ」が生まれるはずがありません。いわんや挑戦心や創造性が生まれるはずがないのです。

第五が「開放」です。イノベーションには様々な着眼点や能力を持ち寄ることが有益です。したがって、1社だけで何かを成し遂げることが得策とは限りません。純血主義にこだわって、自社の技術にしがみ付いて連携を拒んでいれば、知の撹拌もできません。また、大企業のオープンイノベーションで良く耳にする話が「ベンチャー企業を下に見る」という姿勢です。連携によって何かを産み出そうという取り組みは、いつも「対等」であるべきです。対等であるから自由で闊達な議論が担保されるのです。

最後が「短期的な成果に拘泥」ということです。サラリーマンの場合、任期があります。上司からみれば自身の任期中に一定の成果が出てほしいと願う気持ちは理解できます。しかし、そこに拘り過ぎればどこかにシワが寄るでしょう。待てば海路の日よりありとまで行かなくても、ある程度長期的な視点をもって開発にあたる度量が必要なのです。

このように、イノベーションを阻害する要因は会社の体質であり、私たち自身の気持ちや姿勢にあるのかもしれません。こうした壁を取り払うことがイノベーションの条件ではないでしょうか。

それでは中小企業はどのようにイノベーションに取り組めば良いのでしょうか。いくつかの着眼点をお示ししたいと思います。

①着眼点と構想力を確保する
②中小企業特性を活かす

③TQC活動の土壌を活かす

1　着眼点と構想力を確保する

アイディアの多くは「お客様の不満」「お客様の潜在的欲求」「環境変化で生じた問題」等を起因として、「既存知の組合せ」で生まれるといわれます。

例えば「紙おむつ」という商品があります。これは「キングオブイノベーション（イノベーションの王様）」だと思いますが、「布おむつを頻繁に洗う負担をなくす」という「母親の苦労」を発想の起点としているのではないでしょうか。もちろん高度な技術が背景にあることは理解できますが、シンプルに理解しようとすれば「布」を「紙」に変えて、「リユース」を「使い捨て」にしたというイノベーションです。布おむつ主流の時代は、雨季の洗濯や量の確保に苦労していたと思います。現在でも布おむつが存在し、リユースの循環が確立されていますが、当時の家庭の洗濯技術や衛生状況では問題もあったのではないかと推察します。こうした中で「材料」に着眼し「使い捨て」という利用方法の革命を起こしたことが、今日の隆盛につながっています。

カルビーの「じゃがり校」という顧客組織もイノベーションです。ご存知の方も多いと思いますが、「じゃがりこ」はジャガイモを素材としたスナック菓子でカルビーの看板商品です。独特の食感と豊富な味付けで熱狂的なファンを抱える商品です。カルビーはＳＮＳの普及が本格化する前から「じゃがり校」として「学校形式」でファンサイトを立ち上げたのです。入学試験を実施するなど単なるファンを増やすのではない哲学が見て取れます。学校同様3年で卒業し、新たなファンが入る新陳代謝の仕組みも備えています。このサイトから新商品の味付けやパッケージが生み出されるなど、企業と顧客が一体となった参加型の商品開発のサイクルが出来上がっています。

このケースで特に素晴らしいことは「構想力」だと思います。「ファンクラブを学校形式にしてみよう」という着眼点が素晴らしいだけでなく「学校という器（ヴィークル）」を活用して「入試」「授業」「朝礼」「購買部」といった学校に模したメニューでファンクラブのバラエティを作り上げている点が秀逸です。このような顧客との接点の持ち方は極めてユニークであり、まさにイノベーションということができるでしょう。

このように「商品」「顧客」について「新たな視点」を持ち込むことで、大きな変革を生み出す場合があるのです。ポイントとなるのが「着眼点」と「構想力」であることは2つの事例からもお分かりいただけると思います。

2 中小企業特性を活かす

中小企業の特性を「イノベーション」に活かす方法はないでしょうか。必ずあるはずです。

一つ目は「ダイバーシティ（多様性）」です。中小企業には様々な経歴を持った社員がいると思います。中途入社であれば他社や異業種で仕事をした経験を持ちます。あるいは経済的な事情等で学業を道半ばとした社員もいるかもしれません。もちろん大企業も最近はダイバーシティを心がけた採用活動をしていると思いますが、有名大学中心のメンバー構成はある種同質性が高いともいえます。学力と創造力は別物という話を聞いたことがあります。明確に能力認定が出来ていなくても「創造力」をもった人材が隠れている可能性もあります。能力や限界を決めつけることなく、人材を試すことが中小企業特性を活かす道です。

二つ目は「失敗を受容する」です。大企業は失敗を恐れて挑戦の土壌が生まれにくいことは説明しました。中小企業特性のひとつは「オーナーシップ」です。松下幸之助宜しく「やってみなはれ」が組織に浸透すれば、面白がって挑戦を始める社員が増えるのではないでしょうか。その場合「リーン・スタートアップ」という経営手法を活用するとよいと思います。これは起業論の一種ですが、いきなり作り込んだ商品開発を行うのではなく、ミニマムの機能や意匠で試作品を作り市場に送り出すことです。そこで早く答えをもらってさらに修正を加えることで成功率を高める手法です。こういった手法をとることでコストやリスクを抑えつつ、イノベーションへの挑戦が可能となります。

三つ目は「エッジの尖った意見を活かす」ことです。大企業は同質性が高く、異論を排除して安全な方向に向かう傾向があると思います。中小企業は組織が小さい分、いくらでもやり方があります。オーナーの決断もそうです。個性豊かな意見やアイディアを殺すことなく「まずはやってみるか」といった軽快さをもって活動できるのが中小企業です。

四つ目は「オープンイノベーション」です。中小企業の欠点といわれる「経営資源が限られる」ことは、「だからこそ連携しよう」という共創の精神を生みます。着眼点を豊かにするためにも、技術やノウハウの相互補完を行うためにも「社外との連携」はイノベーションに不可欠な要素です。こうした連携は「オーナー間の信頼関係」が基礎となる場合が多いので、オーナー同士の付き合いができる中小企業に適したスタイルです。近年金融機関などが積極的にビジネスマッチングを行っているので、こうしたツールを活用して連携の機会を増やすことをお奨めします。

3 TQCの土壌を活かす

中小企業では製造業を中心に「TQC（全社的品質管理）」活動が盛んです。これこそが日本の製造業を強くした要因だという話もよく聞くところです。

ＴＱＣの土壌を活かしたイノベーションとは「塵積方式だが出来上がると変革に近い」方法を指します。例えば、ある項目について毎月３％ずつ改善するとします。毎月が１年に積み重なるとその効果は４割を超えることになります。１年間で４割も変わるとすれば間違いなくイノベーションと呼べるはずです。

この取り組みは簡単ではありません。しかし「塵積方式」でも高速で回転させていけば大きなイノベーションになる可能性があることを理解してほしいのです。こうした「塵積方式」を活かすためには「テーマ」の選定が重要です。難しいが改善できれば大きな効果を生むことが理解できれば、参加する社員のモチベーションも高まります。同時にそのテーマの改善を的確に示すＫＰＩ（主要業績指標）をどう選定するかも大事です。ＫＰＩの設定自体で本質が問われることが多いからです。

この方法でポイントとなるのは「壁の本質を見抜く」ことです。ＴＱＣ活動は根本原因を追究する活動でもありますので、この辺りは心得ていると思いますが、ある程度の改善が進んでも停滞する場合があります。それは「根本原因」に辿りついていない証拠でもあります。あるいは、着眼点自体を変える必要があると思います。そしてポイントの２つ目が「悩むならやってみる」です。「塵積方式」では高速回転が重要であり「リーン・スタートアップ」の精神が不可欠です。考え過ぎずにトライすることで答えが見つかる場合もあります。

ここからは「中小企業のイノベーション事例」を幾つか紹介したいと思います。事例を参考に、ここまで説明した3つの着眼点の重要性を確認していただきたいと思います。

（事例1）生活者目線で便利情報を商品化した事例

A社は「ママの目線」で生活に役立つ情報を提供する。都内の地下鉄の乗り換えで何両目に乗ると降車時にすぐ階段があるといった「乗り換え便利マップ」がそれで、ベビーカーを安全かつ負担なく動かすことができるバリアフリー情報などが加味され、子育てママにとってはありがたいweb情報である。さらにスーパーマーケットの特売情報を集めた「毎日特売」といったサイトを運営している。

A社の例は「大発明」というよりも、主婦感覚で「あったら便利だよね」という情報提供をビジネス化したものです。しかし、世になかったものを産み出したという点でイノベーションそのものです。

この事例に参考になるのは、「子育てママ」という生活者の苦労を緩和したいという想いです。まさに生活者の目線で、その行動・思考・感情に想いを馳せて必要な情報を抽出したのです。「子育てママ」という着眼点そのものがイノベーションに大きな役割を果たしているのです。

（事例2）ニッチだが商品へのこだわりが独自の評価を得た事例

B社は精密プラモデルメーカーで、従業員は10名足らず。当社の商品は徹底して精密さを再現することに拘っている点。戦闘機や軍艦、アニメに登場した飛行機などのプラモデルを販売し、価格としては数千円クラスと高級だが、精密さにこだわるファン層から絶対的な支持を得ている。

B社の社長は「世の中に存在せず、自分が欲しいというものを手掛ける」という方針で商品開発にあたっています。売上の2割の金額に相当する3次元レーザー加工機などにも投資して、徹底した精密リアルにこだわっています。ここでのイノベーションは「従来のプラモデルにはなかった精密さ、リアルさ」です。この「従来以上のリアル」という着眼点と、それを実現する技術力がイノベーションにつながったのです。

（事例3）技術の融合により加工レベルを高める事例

C社は、従業員10名足らずの難加工材や脆性材の精密加工を得意とする「研究開発型加工業」。従来は時計部品の製造などを行っていた。しかし、従来の受注環境が変化するなかで「より難易度の高い技術に挑戦」することで取引先を拡大することを志向。

社長自らが「技術開発研究室長」で、難しい材料に対する精密微細加工を追求している。その象徴が「蒔絵スプーン」や「サファイアネジきり」。前者は木曽漆器などで使われる技術と切削加工技術を融合したもので、後者は「超硬材」にネジきりをするという金属加工技術を非金属に応用するもの。

C社のイノベーションは「技術の新機軸」です。技術に限界を設けないこと、技術の領域を拡げ他の技術との融合を図るといった点に特徴があります。金属加工業者が、冶金や薬品化学を加えて加工の幅を広げているのです。超硬材は放電加工が一般的ですが、それを切削でやった点がミソです。

技術に限界を設けず、様々な他業界の技術も応用しながら「新たな技術を創出」するというイノベーションの形態であり、中小製造業にとって参考なる事例です。

このように、中小企業でもイノベーションに取り組む企業は少なくないのです。冒頭申し上げたように、大発明だとか、当社には縁遠いものだとか、イノベーションを勝手に大きなものと決めつけるのではなく、中小企業ならではの目線で取り組むことができるはずです。

要は「取り組む」か、「取り組まない」かです。これは経営者が決めることであり、イノベーションの最も基本であり、スタートでもあるのです。

第13章

中小製造業「モノづくりから価値づくり」への戦略転換

第六の突破口（ブレークスルー）は「製造業の戦略転換」です。

日本の製造業の環境は大きく変わっています。大企業の生産戦略のグローバル化の動きに合わせて、中小企業においても海外を意識する必要が強まりました。加えてＩＴ技術の発達や物流網の整備も進み、製造業は地球サイズで取引できるようになったのです。

新興国製造業のレベルアップも大きな影響があります。当初は粗悪品や低技術といった評価が多かったと思います。しかし、日本が通った道と同じく、技術水準も品質水準も向上しています。古い設備インフラがないため、却って最新鋭の機械設備が揃っている工場も珍しくありません。「技能オリンピック」でも新興国の成長が著しく、日本だけが技術力を誇れる時代ではありません。

部品のモジュール化・標準化が進んだことは生産方式を変えました。極端なことを言えば「一定水準の製品」を誰もが作れるようになって「差別化」が簡単ではなくなったのです。部品の品質が良くて、世界的な水平分業が進めば安くて良い製品を効率的に作ることができます。

様々な技術の進歩が及ぼす影響も大きくなっています。例えば、３Ｄプリンターの登場とスペック向上は、切削や鋳物メーカーの命運を変える可能性があります。同じく「ＥＶ自動車」が徐々に占有率を上げており、エンジン回りの部品メーカーにとって製品戦略の転換を迫られる可能性があります。

こうしたなかで、日本の中小製造業も指をくわえていたわけではありません。バブルやリーマンショックといった経済危機を乗り越え、それぞれ「ヒト・モノ・技術ノウハウ」に磨きを掛けてきました。しかし、そういった努力が「収益性」「販売の伸び」といった業績面に結び付いたかというと微妙なものがあります。企業である以上、経営努力が業績に反映されなければ意味がありません。中国など新興国の製造業が大きな成長を遂げていることを考えると、新たな「成長の切り札」をみつけなければなりません。プロトピアの時代に、従来と同じ「モノ作り」の品質や技術の向上だけを志向していて良いのかという課題が突き付けられているのです。

一時、携帯電話のガラパゴス化という話がありました。日本の細かな技術を積上げて出来たハイスペックな携帯電話が売れずに、むしろアジア新興国ではシンプルな機能に絞り込んだ携帯電話が売れたことから、日本の製造業は「マーケティング感覚」が足りないのではないかという議論です。

技術やスペックが高いから製品が売れるとは限りません。むしろ世界的を見渡すと、製造業としての技術はさほどでもないのに「ブランディング」が優れているために高収益を実現している企業があります。こうした企業を「ろくな技術もないのにデザインだけで…」と嘲笑うことはできないということです。

こうした状況に鑑みると、日本の中小製造業は事業戦略を見直す必要があるのではないでしょうか。もちろん製造業にとって「技術は命」です。技術を磨き上げることにゴールはなく、絶え間ない努力が求められます。しかし「技術だけでは足りない」時代になっています。中小製造業が持っている技術を、収益や業績にきちんと反映できるような「価値づくり」が必要なのです。言い換えれば、「モノ作りという技術」に、「お客様が喜ぶ価値を乗せる」ことです。

こうした話をすると下請け企業から「自分たちの技術を使って、親会社の指示する仕様・規格を充たす部品を作れるのであれば、それこそが価値づくりではないか」といった反論を受けるかもしれません。それは全く否定するところではありません。ご指摘の通り、親会社の無理難題の要求を現場での試行錯誤を重ねて実現した積み上げ型の技術は、それだけで大きな価値があるはずです。中小企業自身が意識していなくても、こうした積み上げ型の技術は模倣されにくい優位性をもっていると思います。

しかし、そこで満足していてはプロトピア時代の中小製造業は羽ばたくことはできないのです。技術に「お客様が喜ぶ価値」を意識して乗せることを考えて行かなければ、海外の部品メーカーの逆転を許す場合が出てくるかもしれません。それでは「お客様が喜ぶ価値」とは何でしょうか。

それは製品という「ハード」だけでない、サービスやフォローを含めた「ソフト」であり、さらに効率化や高品質化をもたらす加工方法や部品形状の変革といった「処方箋（ソリューション）」でもあります。下請けや部品メーカーは、最終製品を作る親会社に対して様々な経済的便益を提供しているからこそ取引が出来ています。現時点では「受注価格で仕様・規格を充足する部品」を提供するという形で、コスト面と技術面の便益を提供しているのです。

そこから一歩前に進むためには「提案」といった処方箋の世界が必要です。親会社の便益が今以上に高まるために、そもそも加工プロセスの変更や設計の変更などを提案するイメージです。もちろん簡単ではないことは分かっています。部品メーカーが取引先企業の現場に入り込んで問題点や課題を調査するといったことはできない場合が多いでしょう。しかし「共同で問題解決を行うワーキングチーム」を提唱し、「勉強会を通じた課題の掌握」といった積極的な方策を受け入れてもらうことで、問題・課題を深く知るチャンスを得ることができるかもしれません。

これは下請け的地位にある中小製造業だけの問題ではないと考えています。製品メーカーはティア1、ティア2といったサプライチェーンを構築し、ある種一方通行的な「仕様」「受注価格」の提示をしていると思います。しかし、世界のモノづくり構造が変革するなかで、そうした在り方が最も良い方法なのかを考えてみる時期に来ているのではないでしょうか。

下請け中小製造業には、いままで試行錯誤を繰り返して得た「積み上げ型の技術」がありです。現場ならではの知恵があるのです。それだけではありません。様々なメーカーとの取引を通じて得た「メーカーそれぞれのモノづくりの考え方・作法」も持っています。また、中小企業は「人材の宝庫」です。大企業には即さないような個性や着眼点を持った才能がいるのです。

こうした経営資源を活用することなく、一方通行でコストに煩いだけでは、欧米や中国などのメーカーに下請けを奪われてしまうかもしれません。

オープンイノベーションという言葉があるように、生産プロセスや加工技術についても中小製造業の知恵を借りて総合力で勝負するべきだと思います。大企業製造業にも考え方を転換していただきたいと思います。

ここまで生産財（部品）の中小製造業を前提とした話をしてきましたが、消費財を製造している中小企業もたくさんあります。こうした消費財メーカーの「価値づくり」はどのように考えればよいのでしょうか。

消費財メーカーについては「価値づくり」を「より強く」打ち出す必要があります。消費財は、個人の感性や趣味・嗜好といった様々な要素に影響を受けるので、消費者個々の「意味的な価値」を見つけ出して形にする必要があります。まさに「かっこいい」「気持ちいい」「こんなものが欲しかった」「いいね」といった主観的な価値です。

一方、個人の価値観が多様化するなかで、そうした価値を発見することは砂漠でコインを見つけるような難しさを持っています。近年「大ヒット」が出にくい背景には、こうした「主観的な価値」が多様化していることと無関係ではないでしょう。当然、多くの消費財メーカーがマーケティングに大金を投じています。近年は「カスタマージャーニー」といった顧客の思考・

感情・行動を可視化するマーケティング手法で、顧客のニーズや主観的な価値を把握しようとする動きも活発です。しかし、現実には顧客や市場の心を掴むことは簡単ではありません。

ヒントというほどではありませんが、あらためて人間の原点を見つめ直す必要があるのかもしれません。確かに「価値感は多様化」しているかもしれません。しかし、人間の本質は深層部分で共通していることが数多くあるのではないでしょうか。「楽しい」「うれしい」「気持ちいい」といった価値は誰もが持っている感覚です。こうした感覚に対して、何らかの形でアプローチができれば良いアイディアが生まれ、汎用化することもできるかもしれません。

もうひとつのヒントは「ブランド」の研究です。第10章「労働生産性」で、価格マネジメントを実現するためにブランドへ挑戦することを説明しました。ブランドは個人の主観的価値を実現し、かつ、信頼を得ていることの象徴です。ブランド品は嗜好が合う人にとって特別の価値のあるもので、比較的高いものでも好きなブランドであれば買ってしまいます。つまり「個人の意味的な価値」が高いということです。したがって、ブランド化を目指すことは、こうした「価値づくり」をすることと同義です。

それではブランド化のための「価値づくり」をするうえで、どのような着眼点を持てばよいのでしょうか。基本的には3つの領域に着眼することです。具体的には「便益」「顧客との関係性」「顧客自身を語る表現性」です。

まず「便益」は、「機能面」と「感情面」の2つから見る必要があります。機能面は商品が持つ機能の便益で、自動車であれば「高速移動」「安楽に移動」といったようなことになるでしょう。感情面は購入者が得られる感情的な便益で、「満足」「楽しさ」といったことが該当します。

「顧客との関係性」は、ブランドと購入者の関係の仕方から生まれる価値です。例えば、自動車などでは「いつかは乗りたかった」「家族代々乗り継いできた」といったことが考えられます。

三つ目の「顧客自身を語る表現性」は、ブランド＝顧客という価値です。その商品を持つこと、あるいは着ることで成りたい自分になれるといったものです。外国の高級車であれば「高額で誰もが持つことができないハイソサエティの象徴」といった意味があり、それが所有者の「経済力」「社会的地位」などを表現することにつながるのです。

これらの着眼点を参考に自社商品を見直すことで「価値づくり」を行うとよいでしょう。

第14章

カスタマージャーニーを起点とする共創型営業への転換

第七の突破口（ブレークスルー）は「営業の在り方」についての転換です。

いつの時代も経営者にとって「営業」は重要課題です。モノやサービスを購入してもらってはじめて売り上げが立つわけですが、顧客とは難しいものです。例えば「ニーズはあるけど急いではいないんだよね」という不要不急の顧客。厳しい部類では「お宅の商品・サービスに興味なし」とか「貴社の商品・サービスは大丈夫なの」といった疑問派。あるいは「誤解」「不満」を抱える顧客や、のらりくらりの優柔不断の顧客まで「壁」はなかなか高く、顧客接点である営業マンは苦闘の日々を過ごしています。

プロトピアの時代は進化が止まらない時代です。モノやサービスも高度化するなかで、競合企業も増え、そもそも市場はモノで溢れかえっています。こうした時代に成功する営業は、従来とは異なる一歩進んだ営業です。具体的には「カスタマージャーニー」を起点とする共創型営業」です。プロトピアの時代の営業は、前述のような様々な〝顧客の抵抗〟と闘うのではなく、あるいは顧客におもねるのでもなく、会社の経営資源を上手に活用しながら「手助け（共創のパートナー）」をして顧客満足度を高めるものでなければなりません。「打ち勝つ」営業から「共創」の営業への転換です。

それではなぜ「共創型営業」に転換する必要があるのでしょうか。また、最近言われる「課題解決型営業」との違いは何でしょうか。

まず「課題解決型営業」です。確かに顧客の問題や課題を解決することで対価を得るビジネスは有効です。なぜなら「自分では解決できない」ことを「有効なソリューション（解決策）」を提供して解決してしまうのですから。歯医者さんの施術は典型です。虫歯を直したくても、家に設備があるわけでなし、自分でやる技術もない。この「痛み」「不具合」といった問題を歯医者さんが解決してくれます。

一方で「顧客の悩みや課題」はたくさんあるものの、「他人に頼む」ほど大きい問題はどれほどあるのでしょうか。プロトピアに時代は商品・サービスも高度化して大抵のことが「自己解決」してしまう可能性があります。BtoBの商売を念頭においても、ある企業が経営課題や問題を認識したとき、経営計画の中にこうした課題を盛り込み、計画的に対策を実施していくはずです。そうです、大抵の問題や課題は「顧客自身で解決」してしまうのです。先ほどの歯医者の例のように、設備や技術・ノウハウが全くないような問題以外は、解決先のレベルの高低は別としてもセルフソリューションしてしまうのです。したがって「課題解決」営業だけを追っていても限界があります。

第二の問題点は、「課題解決営業」を謳っておきながらも「本当の解決につながっているか」ということです。言い方を換えると「真のお客様ニーズを捉え、お客様の望む未来を本当に実現しているか」という疑問です。「真のお客様ニーズ」と「お客様が望む未来（解決）」の2つが揃っていれば、これは付加価値の高いソリューションであり、顧客満足度も高く相応の対価が得られるはずです。しかし、「真のお客様ニーズ」をどれだけ正確に把握できているのでしょうか。さらには「責任をもって」お客様ニーズの実現に「最後まで」お付合いできているのでしょうか。

多くの課題解決型営業が「自己本位のプロダクトアウト型」であるような気がします。顧客ニーズを捉えるといいつつ深堀りができていない。解決策といいながら「自分の土俵」で「パターン化された解決策」を提示している。だから「満足度の高い」営業になっているとは言い切れないことが多いのです。ここに課題解決型営業の難しさがあります。

共創型営業への転換が必要な背景には、こうした課題解決型営業の不完全さがあります。そして、自らが抱える問題の多くは、「結局自分自身で解決しなければならない」という事実もその理由になります。確かに「お客様の抱える問題を解決します」は格好がいい。しかし、「自分自身が闘わずして、他人にすべて解決してもらう」ような問題がどれだけあるのでしょうか。前述の通り、BtoB の商売を考えたときに、「全部貴社にお任せ」といった会社がないとはいいませんが、そういった在り様が経営として正しいかと考えれば疑問が残ります。最終的には経営責任は自社自身で負っているし、自分自身の手を汚さない問題解決がどれだけ役立つのかということです。

もうひとつの理由は「カスタマージャーニー」という手法を活用しつつ、出来るだけ深く「お客様の真のニーズ」にアプローチすることが、共創型営業の前提となることです。お客様の真のニーズを把握するためには、生身の人間をリサーチすることが必要です。生身の人間には「感情」「思考」があります。そして自ら「行動」して何かを行おうとします。こうした「感情」「思考」「行動」という側面から、お客様のニーズや購買動機を探る方法を活用して、その実現したいことを「的確な手段」で「手助け」することが共創型営業の本質です。

このように、顧客の望む未来を創るためにお客様を深く知って、お客様自身が持っている力や資源と、自社が提供する「知恵」や「商品・サービス」を協働させることで、よりクオリティの高い「お客様の望む未来」を作ることが「共創型営業」であり、プロトピアの時代に必要な営業の在り方なのです。

それでは、「カスタマージャーニーを起点とする共創型営業」を実現するために必要なことは何でしょうか。具体的には3つあります。

①カスタマージャーニーを活用したマーケティングと対話
②具体的な知恵や商品サービスの提供
③お客様に対する支援・フォロー

1 カスタマージャーニーを活用したマーケティングと対話

ひとつめが「お客様の望む未来（解決策）」を明確化することです。

共創型営業において実現すべきは「お客様の望む未来」です。個人であれば「今日の夕食メニューをいつもと違うものにして子供を喜ばせたい」といった細やかな未来もあれば、企業のように「生産効率を5％と高めたい」という未来の在り方もあります。極めてバラエティに富んだそれぞれの未来であり、その時間軸も短いものから数年後、数十年後というものまであります。

こうした未来を明確にする手法として「カスタマージャーニー」というアプローチの方法があります（図14―1）。この方法は、あるお客様（ペルソナ）を想定して、そのお客様が関心のある購買を行うまでの道程を可視化するものです。

この図の例は「いつもと違うものが食べたいという小学生の娘の夕食メニューに悩む」お母さまをペルソナとして想定しています。おそらく昨晩の夕食の際に「なんかパターン化されているよね、うちの夕食」と娘に言われたお母さまが発奮したことがスタートなのかもしれません。この図は翌朝から始まるジャーニー（購入までの道筋）ですが、実現までのお母さまの「行動」「思考」「感情」を段階ごとに可視化しています。そして各段階がどのような意味を持ち、どんな媒介を使って情報入手や思考を行ったのかを示しています。その一つ一つの動きと自社

図14－1　カスタマージャーニー

いつもと違うモノが食べたい！という小学生の娘の「夕飯」メニュー

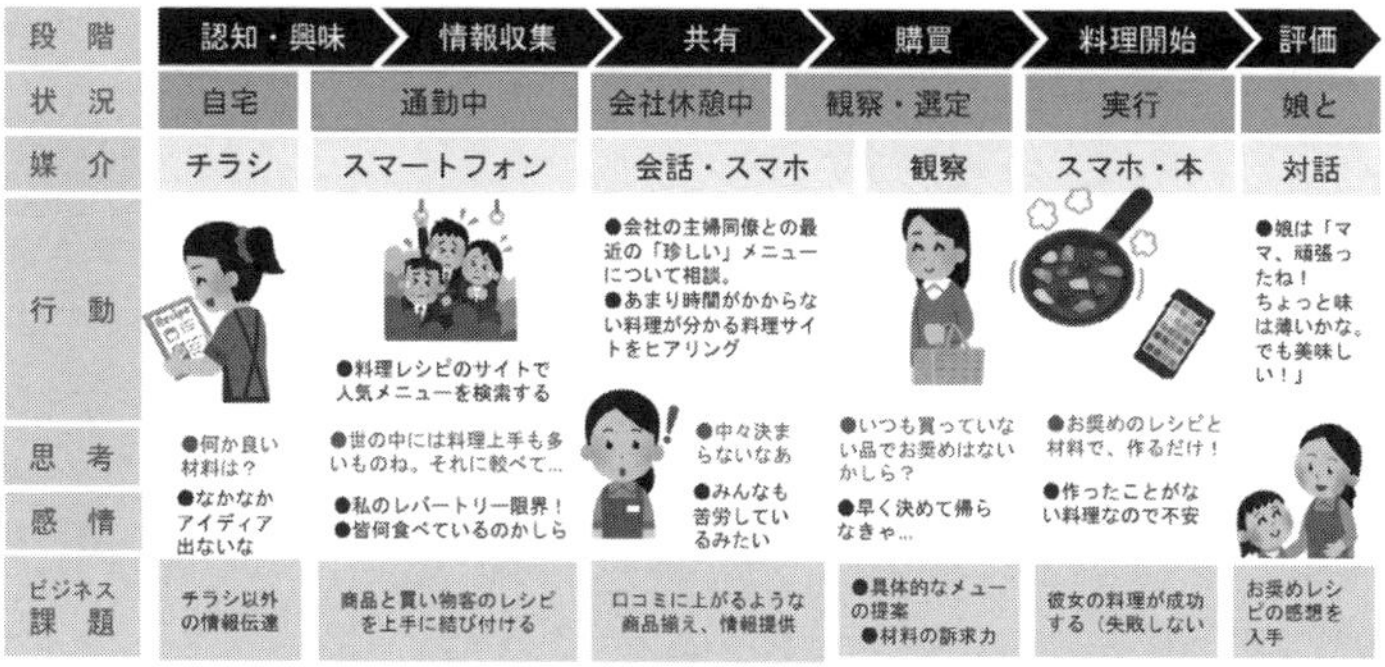
段階
認知・興味
情報収集
共有
購買
料理開始
評価
状況
自宅
通勤中
会社休憩中
観察・選定
実行
娘と
媒介
チラシ
スマートフォン
会話・スマホ
観察
スマホ・本
対話
行動
●料理レシピのサイトで人気メニューを検索する
●会社の主婦同僚との最近の「珍しい」メニューについて相談。
●あまり時間がかからない料理が分かる料理サイトをヒアリング
●娘は「ママ、頑張ったね！ちょっと味は薄いかな。でも美味しい！」
思考
感情
●何か良い材料は？
●なかなかアイディア出ないな
●世の中には料理上手も多いものね。それに較べて…
●私のレパートリー限界！
●皆何食べているのかしら
●中々決まらないなあ
●みんなも苦労しているみたい
●いつも買っていない品でお奨めはないかしら？
●早く決めて帰らなきゃ…
●お奨めのレシピと材料で、作るだけ！
●作ったことがない料理なので不安
ビジネス課題
チラシ以外の情報伝達
商品と買い物客のレシピを上手に結び付ける
口コミに上がるような商品揃え、情報提供
●具体的なメニューの提案
●材料の訴求力
彼女の料理が成功する（失敗しない
お奨めレシピの感想を入手

のビジネスチャンスや課題が何かを明確にしています。これがカスタマージャーニーの概略です。

マーケットや顧客ニーズの分析には様々なアプローチがありますが、このように「人間（ペルソナ）」に焦点を当てて、ある意味で成り切ってニーズや課題を探ること、可視化することに「カスタマージャーニー」の利点があるのです。この手法はBtoCだけのものではありません。BtoBでも使えるものです。BtoBの場合は、代表的な「カンパニー（企業像）」を想定して、そのなかで更に「ペルソナ（購買担当）」を設定する形になります。

こうした顧客の真のニーズが購買動機を探る活動は「社員教育」にも極めて有効です。プロトピアの時代は、ますます顧客接点が多様化することが予想されます。しかし最後まで「フェイスツウフェイス（人間対人間）」という接点は残りますし、その「同時性（同じ時に同じ空間を共有）」という価値は最高の顧客接点であることに間違いありません。したがって、一人でも多くの「カスタマージャーニー」が体にしみ込んだ営業マンを育てることが、企業にとって強みとなるはずです。こうしたことを鍛錬した営業マンは常にお客様の思考・感情・行動を考えることができるので、顧客との関係構築やさらに深いニーズの把握のための対話も上手に行えるはずです。

次に「対話」の重要性も論を待ちません。共創型営業は「お客様の真のニーズ」を把握し「共創しながらお客様のより良い未来を実現する」ことが仕事ですので、お客様のご意向を確認したり、アドバイスをするための「対話」は大きな武器となります。カスタマージャーニーは「人間」にフォーカスして、思考・感情・行動といった側面からアプローチする優れた手法でありますが、最終的には「対話」を通じて掘り下げることで正確性を増すのです。したがって、人間同士が行う「対話」の技術を高めることが共創型営業に欠かすことの出来ない要素となります。

それでは「対話」のスキルをどう高めたらよいのでしょうか。

いくつかの要素があると思いますが、第一は「ハート（心）」でしょう。そこが「人間がやる理由」でもあります。つまり「お客様への想い」を持てるかどうかということです。この「お客様への想い」を高めるためには、「自らの仕事の使命」を徹底的に理解させることが大事です。第二は「お客様を深く知る」ことです。お客様を知らなければ質問もできませんし、相手の会話についていくこともできません。サッカーの知らない人に「メッシ選手にインタビューしてこい」というようなものです。第三は「お客様のその先を知ること」です。お客様の購買には自分自身の問題に限らず、その先の人々が絡むことが多いと思います。カスタマージャーニーの図の例でも、夕食メニューの問題はお母さま自身の問題ではありますが、最終的には子供を喜ばせるという「お子様の喜び」の問題でもあるからです。

このように「カスタマージャーニー」を活用したアプローチとともに「対話」を通じた交流のなかで、お客様の望む未来を明確にすることが共創型営業の第一歩なのです。

2 具体的な知恵や商品・サービスの提供

商売の実現という点では、ここで自社の商品やサービスを提供することになります。お客様側から見れば「自らの望む未来を実現する道具」の提供を受けることになります。

したがって、商品・サービスに「力」がなければだめです。商品・サービスの品質向上という地道で、継続して行わなくてはいけないことをしっかりやるということです。こうした良い商品やサービスづくりを行うためには「全社が一丸になる」必要があり、その体制や機運作りがポイントになります。実はここでも「対話」の重要性がクローズアップされます。会社には「外の世界」を伝えるセンサー役（営業）もいますし、工場で製品作りを行い、財務管理を行うセクションもあります。こうしたセクションが常に同じ方向を向いて商品やサービス作りを行わなければ、真にお客様のニーズを充足したものにはならないのです。言い換えれば「コミュニケーションの濃密化」です。そして「お客様第一」という価値を共有する必要もあるでしょう。いろいろ各セクションで問題もあるけれど、お客様を優先して考えるということがなければ、商品やサービスの質には結びついてこないのです。

もうひとつ大事なことがあります。それは「知恵の提供」です。あくまでも共創型営業の付加価値は、お客様の未来をより良いものに変えるために、商品・サービスや知恵を通じて協働することです。したがって、良い商品・サービスの「提供の仕方」が「知恵」に該当します。前述の「夕食メニューに悩むお母さま」の事例でも、実際に提供するものは「食材」ですが、それだけでは「共創」にはなりません。むしろ「具体的なメニュー」という「知恵」の提供が「共創」のコアを成すのです。

しかも「漠然とメニューを提示」すればよいのではありません。お母さまが調理に投入できる時間、料理の技量、お子様の嗜好といった様々な要素を加味してこそ「付加価値」が生まれるのです。こうした「お客様の立場・環境」を理解したうえで知恵出しをすれば「食材」提供が活き、リピーターとして大きな顧客基盤になってくれるのです。「力のある商品・サービス作り」と「知恵出し」の2つが揃ってこそ、共創型営業の大きな武器ができるのです。

3 お客様に対する支援・フォロー

共創型営業を実現するための最後が「支援・フォロー」です。

これが意味するところは「実際に望む価値を実現」してこその共創型営業の付加価値ということです。どんなにお客様の真のニーズを捉えて、良い知恵を出し良い商品サービスを提供しても「お客様が望む未来」が実現できなければ、お客様にとっては価値のないことになってしまいます。

共創という言葉にはある種の責任が伴うのです。つまり「お客様が望む未来」を作るという製造責任です。これは極めて難しいことではありますが、本気で取り組むことで「他社との大きな差別化」につながる可能性があります。

夕食メニューに悩むお母さまの事例であれば、「提案したメニューの作り方の実演がスマホの動画で見れる」とか、「調理で悩む点についてチャットで相談できる」といったことが理想です。こうした支援ができれば、お母さまの調理が成功する可能性が高まります。そして、お母さまも「あのスーパーで相談して食材を買ってよかった！」と心から思うでしょう。

同様に「フォロー」も必要です。例えば翌日の夕方に、このお母さまがスーパーに来店したときに「お子さんの反応はどうでしたか」「調理するうえで問題がありましたか」といったことまでフォローできれば、更に「提供メニューの開発」「食材の開発」「情報発信の方法」などに反映することができます。もっとデジタルにやるのであれば、食後にスマホで簡単にアンケートしてもらうような仕組み（ポイント付加をインセンティブ）を作ってビッグデータ活用につなげたり、そのお客様に対するカスタマイズを高めたり、といった展開をすることができるはずです。

このように共創型営業の実現には「支援・フォロー」といった要素が必要であり、こうしたことが「共創の責任を充足」しつつ、確固たる顧客基盤を作ることに役立つのです。


ここまで「カスタマージャーニーを起点とする共創型営業」について説明してきました。

あらためて整理をすると、この営業の本質は「全社的な知恵・資源を活用してお客様の未来をより良いものに変える総合力の勝負」だということです。営業マンは顧客接点であり、その重要性は論を待ちませんが、個人戦ではありません。背後にいる社内の各セクションの連携や知恵の格納・検索・引出しといった体制整備とともに、社員のマインドを「顧客の未来を変えるための共創」に変える必要があるということです。

そして「顧客接点」となる営業マンについては、カスタマージャーニーを描き顧客起点でモノが考えられるマーケティング思考が必要です。加えて「お客様にとっての価値」を分析できる「付加価値思考」も必要です。そして、プロトピア時代のデジタル全盛という環境だからこそ「傾聴と共感の対話」という血の通ったコミュニケーション力を持った人間を作る必要があるのです。マニュアルでは作れない、人間の本質や心理学・行動経済学・コーチング学まで含めた勉強が必要な時代なのです。

第 15 章

戦略的事業承継

第八の突破口（ブレークスルー）が「戦略的事業承継」です。

中小企業にとって事業承継は「家の承継」と同義です。代々引き継がれた「会社の家督」を誰に渡すかは、お家存亡に関わる大問題です。可能な限り「親族への承継」、もっと言えば「子供・孫への承継」を願うのが一般的な傾向だと思います。

一方で時代は変りました。もはや「親族外への事業承継」が5割を超える状況です。価値観の多様化、経営環境の厳しさ、経営者としての責任の重さなど「承継者」にとって家業を継承することが当たり前という感覚ではなくなっているのだと思います。また、「被承継者」についても「苦労を敢えて背負わせるか」「経営の才能や意欲のない者に引き継いでも仕方ない」といった意識があるかもしれません。

こうした事業承継の実態は別としても、事業承継が経営をランクアップさせる突破口となる契機であることは間違いありません。それは「何かを大きく変える」数十年に一度のチャンスだからです。オーナーシップを前提とする中小企業において「経営者は長期に君臨する」ことが通常ですので、経営を刷新する機会はそうそう巡ってこないのです。

したがって、事業承継をより戦略的なイベントとすることで「経営力の向上」や「事業戦略の転換」などを実現できる可能性が高まるのです。ところが、世の中一般の事業承継のイメージは「納税対策」が中心で、貴重な機会を「事業戦略」に活かしていこうという発想が足りないように見えます。

1　承継における5つの着眼点

それでは「事業承継」について整理して考えてみましょう。まずは、事業承継において「何を」承継するかを5つの着眼点から説明します。具体的には「経営権」「経営能力」「事業資産」「社員」「取引先」の5つになります。

①経営権

具体的には「自社株」です。図15－1「議決権割合と権利」を見ればわかるように、保有する自社株の割合によって経営への影響度は変ります。通常一般に「円滑な運営をしたい」と思えば、5割を超えたいところですし、可能であれば「特別決議」が出来る程度の保有を目指したいものです。

もちろん後継者1名で確保ということでなくても構いませんが、一族といえども何かあれば「争族」になってしまうことは多くの事例が証明しています。また、親族内といえども自社株が分散していれば意思確認も大変です。可能な限り集中させることが望ましいと思います。ただ、最近は「黄金株」といった種類株式の活用も可能となっていますので、専門家のアドバイスをもらうことも大事でしょう。

また意外と知られていませんが、歴史のある企業の中には「株式の譲渡制限」がつけられて

図15－1　議決権割合と権利

議決権割合	権　利
100％	特殊決議（取得条項付株式への定款変更）が可能
3/4以上	特殊決議（剰余金の配当について株主毎に異なる取り扱いへ定款変更）が可能
2/3以上	特別決議（定款の変更、事業譲渡、会社分割等）が可能
1/2超	普通決議（取締役の選任・解任、取締役の報酬決定等）が可能
1/3超	特別決議・特殊決議を否決できる
少数株主	10％以上＝解散請求権、３％以上＝株主総会招集権、等

いない場合が少なくなく（ある調査では中小企業の4割超に達する）、好ましからぬ第三者に転々流通しないとは言い切れないのです。しかも自社の登記簿謄本を見ても「譲渡制限がない」という記載はなく、譲渡制限がある場合に限って「当社の株式の譲渡には取締役会の承認が必要」といった記載になっていますので注意が必要です（あくまで事務的な話ですが）。

いずれにしても事業承継にあたって「経営権」をしっかりと移譲することが重要です。そういった意味であらためて自社の株主名簿を見て各株主の議決権割合を確認し、計画的に準備を行うことが必要です。

②経営能力

事業承継を行ううえで最も大事なことのひとつが「承継者の経営能力」です。

「長男に引き継ぐことができた、これで安心だ」という単純なものではないことはご承知の通りです。承継者が十分な経営能力を持たなければ承継した会社がなくなってしまう可能性さえあります。

実際に「承継させたものの遊び惚けている」とか「一生懸命やっているが経営者としては足りないものが多い」といった事例は少なくありません。いくらオーナー企業とはいえ、社員や社員の家族の生活や未来がかかっている以上「社会の公器」ということを意識する必要があります。承継者の経営能力を十分高めることが、事業承継に欠かせない準備です。中小機構の調査によると「承継者が事業承継を受けて苦労した点」のトップに「経営力の発揮」があげられています。さらに「後継者の育成に必要な期間」は「5年以上」とする回答が5割を超えるのです。付け焼刃ではできない「承継物」なのです。

③事業資産

当然ですが「会社の資産」も引き継ぐことになります。事業資産には「負債」も含まれると考えれば、「莫大な借金」とか「取引先との係争（無形資産）」「引当不足」といったマイナスの資産を整理して承継することも必要でしょう。

また中小企業の場合は、個人資産を事業用資産として供している場合があります。例えば、社長個人の金融資産を会社に貸し付けているようなケースです。社長が亡くなれば「個人」としても相続が始まります。遺産分割の関係で貸付金を返済してもらわなければならないといった状況になると、事業に大きな影響が出る可能性もあります。個人の資産を会社の事業に供しているような場合は、こうしたことにも気を配る必要があります。このように、事業資産を円滑に承継するためにも一定の時間や計画性が必要なことに変わりはないのです。

④社員

社員はモノではないので「社員の承継」というと変な感じがしますが、承継者にとっては大きな問題です。例えば、〝承継を受けた〟役員陣が「すべて前社長が育てた子飼い」で、いつも前社長の意向ばかりを気にしているようなケースでは円滑な経営ができません。こうした番頭役を育てることも重要な承継であり、これこそ時間が必要です。ある程度の年齢から承継者に入社してもらって、承継者自身の手で若手を育成することによって「次世代の役員」も承継できるのです。もちろん簡単なことではありませんが、これも重要なことです。

社員については「会社の主役」です。実際に会社のオペレーションを担うのは社員ですから、ここが強いか弱いかは大きな分水嶺となります。様々な技術やスキルの習得、会社への共感・信頼といったことを大事にしながら、一人でも多くの有能な社員を育て継承する必要があります。

⑤取引先

前述の中小機構の調査でも「事業を引き継いだ経営者が苦労した点」に、「取引先との関係維持」や「金融機関との関係維持」があがっています。実際「実力派社長の突然死」を起点に、取引先や金融機関が離れていくような事例も見られますし、業績の芳しくない企業にあってはなおさら厳しいことになります。

承継者のためにも、取引先や金融機関について「デビュー時期」を考えてあげることが大切です。皆さんも感じるように「ある日突然現れた社長」では「まずはお手並み拝見」になってしまうでしょう。実際のところ「顔を見ている」「話をしたことがある」といった要素は重要です。承継が決まった段階で、あるいはもう少し早い段階で、徐々に「顔見せ」をすることです。訪問時に同行させたり、パーティーや会合に同席させるといった「デビュー」を早めに行い、関係構築に努めることが大切です。

もちろん就任してから「経営者としての実績が問われる」ことに変わりはありませんが、一番いけないことは「取引先を不安にさせる」ことです。そういった意味で、この承継も計画性が必要です。

2　事業承継のポイント

このように事業承継では5つの「承継物」があります。それでは「事業承継のポイント」についても考えてみることにしましょう。事業承継のポイントについても5点あると考えます。

具体的には「計画性」「良い会社」「良いアドバイザー」「良い後継者」そして「柔軟な対応」です。

①計画性

一言でいえば「死ぬ時期は決められないが、引退する時期は自分で決められる」ということです。

だからこそ「社長の考え方次第で事業承継は計画的に進めることができる」のです。前述の通り、事業承継を円滑に行うためには相応の時間が必要です。したがって、出来るだけ早い段階で「引退の時期」を想定し、「承継を行ううえでの問題点」や「準備期間に行うべきこと」等を把握することがスタートになります。

ところが、少なからぬ経営者が「自分はまだまだ出来るので事業承継は先のこと」と考えたり、「やらなきゃいけないことは分かっているが、毎日の仕事に追われ漫然と時間を浪費している」のです。仮に「承継者」を心の中で決めたとしても、その人が応諾してくれる保証はありません。後継者の決定も簡単な話ではないのです。

したがって「計画性」をもって「できるだけ早い段階」で準備にあたることが第一のポイントになります。

②良い会社

事業承継対策というと「株価対策」という意識が強く、赤字や配当抑制といった株価を下げるための方策を考えることが少なくありません。しかし本当に大事なことは「承継者に良い会社を引き継ぐ」ことではないでしょうか。

仮に親族であっても「業績の悪い会社」「資金繰りの悪化した会社」「労働条件の厳しい働き詰めの会社」を喜んで承継する人はいないでしょう。まして「親族外」であれば「問題の多い会社」に魅力を感じることはないでしょう。

最高の事業承継は「良い会社」を作ることです。平成30年の新事業承継税制の特例措置を使えるとすれば自社株の相続が実質無税で行えるといった状況にもあり、株価対策やリスクのある複雑な承継対策を弄することに多大なエネルギーを投じても仕方がない場合もあります。まずは基本に立ち返って「良い会社」を作り「誰に対しても引き継いでもらえる」状態にすることが大事です。

③良いアドバイザー

3つめのポイントは「良いアドバイザーを持つ」ということです。

もちろん前述のように、基本は計画性を持って早く着手することであり、誰にでも承継してもらえる良い会社をつくることです。しかし、事業承継全般に渡って税の問題など「専門性」

を必要とする仕事であることも事実です。親族外に承継するとなれば「M&A」といったマッチングや企業価値の計測なども必要になってきます。

そういった意味で「良いアドバイザーを持つ」ことが大事です。この場合の「良さ」とは「専門性が高く経験が豊富である」こと、「事業承継をおもちゃにしない誠実性」があること、の2つです。事業承継対策は手数料など「お金になる分野」として注目され、ケースによっては「儲けの道具」としてしか見ていないのではと疑われるようなアドバイザーもいます。何十年かに一回の重要なイベントを「我が事」として受け止め、高い専門性と経験を道具に汗をかいてくれるアドバイザーを持つことが重要なのです。

④良い後継者

「良い後継者」の定義は経営者それぞれにあると思いますが、「経営者としての確固たる責任感」を植え付けることが大事だと思います。もちろん経営に必要な様々なスキルや知識を身に着けることも大事です。しかし、どんなにスキルを磨いたところで経営者として「基本となる心構え」ができていなければ、なんにもならないと思います。

もう一つのポイントをあげると「アニマルスピリット」です。プロトピアの時代は「挑戦」が勝負を分ける時代です。安全運転だけで乗り切れる程甘くはありません。事業を先読みして、リスクを抱えながらも挑戦できるようなマインドがなければ、時代を乗り切っていくことはできないでしょう。こうした一種のリスク志向性は、実際に仕事を任せて挑戦させるという経験の積み上げがなければ生まれないでしょう。また、修行として「日本から脱する」「異業種に飛び込む」といった視野を拡げる体験も貴重なバックボーンになるはずです。いろいろな方法があると思いますが、これも時間を必要とすることです。

⑤柔軟な対応

事業承継のポイントの5つ目は「柔軟な対応」です。

承継にあたって誰もが「経営者としてのこだわり」を持っていると思います。例えば「絶対に子供に継がせたい」といった想いです。しかし事業承継をするうえで問題や制約条件が出ることが間々あります。そのときに、あまりにも一つのことに拘泥すると承継自体が止まってしまう場合があるのです。

絶対に捨てられない、それなら廃業した方がましだ、というようなこだわりは別としても、手段の選択にあたっては「柔軟性」をもつことが必要です。事業承継は無限に時間を使えるものではありません。また、承継の「旬」ということもあるでしょう。そういった意味で「柔軟な対応」ということも事業承継のポイントのひとつといえましょう。

そういった意味で紹介したい考え方が『扇子商法』（中公文庫：和田亮介）です。この扇子商法は「好況時には大きく開き、不況時には小さく畳む扇子のような永続性を重視した柔軟な経営手法」です。「三つの安全」や「銀行家の安心する商売」「断じて行わず」といった興味深い見識が示されているので一読を薦めます。

この永続性重視の経営理念を「戦略的な事業承継」に敷衍するとすれば、承継を機会とした「事業の見直し」が必要です。柔軟性のなかに「全部を承継しなければいけないのか」という発想もあるということです。例えば、先代の経営者が拡げるだけ拡げた扇子を、後継者がパッと畳むという発想があってもよいということです。事業を畳むほど決断と勇気が必要な仕事はありません。特に、事業を拓いた人は自分の子供のような事業を畳むことができない場合が多いのです。そこで、承継者が「柔軟性」をもって、扇子商法よろしく事業見直しをしっかり行って、整理を行うということも一つの考え方なのです。

ここまで、事業承継の本質やポイントについて説明しましたが、ここからは「戦略的事業承継」の「戦略性」について説明します。冒頭申し上げた通り、事業承継は「何かを変革する」契機となるイベントです。変える対象は「社内」であり、「社外」です。

社内でいうと「戦略の変更」があげられます。つまり「代替わり」を契機として、コトを一新することです。経営には「人が変わるから出来ること」、つまり「人を換えないと出来ないこと」があります。やはり長い間経営に携わっていれば、社内といえども〝しがらみ〟や〝独自のビジネス慣習〟が出来上がってしまいます。事業戦略についても知らず知らず時代遅れになっていたり、固定観念に縛られている可能性があります。そういった意味で、組織戦略、人事戦略、営業戦略など様々な領域において「転換」を図る必要があるかもしれません。そのためにも事業承継を「親子間での経営の承継」というイベントで終わらせることなく「会社の文化・慣習から各種の戦略まで変革」する契機とすることが必要です。

この場合、後継者すなわち新社長は、承継する以前から戦略を練り込む必要があります。承継と同時に発表して断行する方が効果が高いものと、ある程度承継する前から発表して移行期間を設け代替わりと同時に本格実施することが望ましいものと、戦略変更にはいろいろタイミングがあると思います。さらに自社の経営資源や強み弱みを踏まえ、経営環境の変化の方向性を読みながら「変えてはいけないこと」と「変えなければいけないこと」を判断する必要もあります。そのためには、新たな経営戦略やタイミングについて、十分検討する必要があります。

また、社長一人で変革を断行しても周りがついてこなければ元も子もありません。そういった意味では、役員・幹部や中堅社員に戦略変更の理解者や同調者を作ることも重要です。そういった意味で「後継者」自身が経営者としての自覚をもって、事前にいろいろな準備を進めないことには社内の戦略変更を成功させることはできないでしょう。これが事業承継を契機に戦略変更を行う際に留意すべきことです。

それでは「社外」という点では「何が変えられる」でしょうか。

それは「会社のイメージ」「会社の方向性」という大きいところから「ビジネスの手法」と

いった具体的な点まで幅があると思います。対外的な事業承継の発表を、中小企業では「会長就任・新社長お披露目」といったパーティーで取引先や金融機関といった対外的なステークホルダーを集めて行うことがあります。あるいは、新社長の挨拶回りなどで同様に取引先や金融機関を廻ことになるでしょう。こういった機会を無駄にすることなく、しっかりと新社長の描く会社の方向性について説明することが大事です。新社長の挨拶といった場面であれば、新社長の考え方や会社がどう変わっていくのだろうという点に誰しも興味を持つものです。そうした機会を「引き続きよろしくお願いします」だけで済ませていてはもったいないはずです。

あるいは従来やっていなかったイベントを活用して取引先や金融機関に「新しいビジネスのやり方」を提案し説明することも大事です。例えば「経営発表会」といったイベントを活用するのです。当社は従来から「品揃え」と「安定供給」を重要視して在庫を保有してきたが、経営上の大きな課題となっている。こうした中で「在庫圧縮」という効率化と「安定供給」という安全性を両立させるような在庫管理システムの高度化を導入し、在庫を7割に圧縮する方針です。ついては仕入業者の皆さんにご協力をお願いしたい。このような宣言を行うことです。

戦略的な事業承継には、従来変えられなかったものやコトを変革するという大きな目的があり、そうした戦略性を発揮することが新時代を作る契機となります。単純な世代間の引き継ぎとすることなく、イベントに意味を持たせることがワンランク上の事業承継なのです。

第 16 章

業界再編・事業組み換えによる成長戦略

第九の突破口（ブレークスルー）は「業界再編」と「事業組み換え」です。

プロトピアの時代、日本は人口減少と少子高齢化という「人口の質量問題」に直面します。言い換えれば国内既存市場が縮小し、商品・サービスも変わらざるを得ないということです。縮小する市場では限界値に達するまでは「我慢くらべ」の状況が続き、プレイヤーの体力が徐々に奪われていきます。気が付いたときには、次の局面を打開する体力も資金も残っていなかったという筋書きです。こうした「耐え忍ぶ」経営だけでは「次の成長」を呼び込むことはできないのです。

そういった意味で、縮小と同時に変質する市場を切り拓いていく「勇気」が必要です。過当競争構造を解消し、成長を呼び込むための「活性」を得る必要があるのです。それが「業界再編」であり、「事業の組み換え」です。

日本再興戦略でも「新陳代謝」がテーマとしてあげられています。新陳代謝の大きな目的は「経営環境の変化に適応できなくなった企業は退場」して「市場に新たな挑戦を持ち込む企業が道を拓く」ことで、過当競争構造を解消し、経済を活性化することにあります。つまり市場は「新しい挑戦者」を待っているのです。縮小する市場を「乗り越えられる者」を待っています。

「業界再編」は文字通り「業界地図を塗り替える」ことです。具体的には、経営力・企業体力のある企業が核となって「現在・将来を含めて退出することが望ましい企業」を「M&A」や「資本参加」で収斂することです。こうした再編を進めることで「供給能力の調整」が図られ「価格の適正化」も進むはずです。

「事業組み換え」は、自社の得意分野と不得意分野を見極めて、不得意分野を得意としている企業に売却することで「選択と集中」による経営の効率化を図るものです。ある事業を取得した企業は「取得したアセット」に自らのノウハウや技術を投入して「事業価値をさらに高める」のです。

こうした「再編」「組み換え」は国内産業の「収益性・効率性」が高まることを意味し、海外企業と闘ううえでの国内環境を整える効果があります。グローバル経済が進展するなかで、国内市場といえども閉鎖的であり続けることはできませんし、世界のライバルたちを視野にいれる必要があります。

最近「M&A」の件数が徐々に増えて来たとはいえ、まだまだ「業界再編」や「事業組み換え」の大波が来ているとまではいえない状況です。その背景には、オーナー企業の「一国一城の主」としての防衛意識、「代々継承した企業の重さ」に対する情緒的な影響があるのだと思います。本来経営とは「合理的なもの」でなければならないはずですが、こうした意識が日本経済の新陳代謝を遅らせているとすれば、誰かが一石を投じていく必要があるでしょう。

それでは「あなたが業界再編を目指す」場合に、どんなチャンスを掴めばよいのでしょうか。ひとつは「事業承継」です。この場合は「同業他社の事業承継」です。前述の通り、近時は5割超が「親族外承継」となっています。したがって「M&A」を活用した事業再編のチャンスは相当増えているということです。こうした機会をモノにするためには、

①M&A仲介の専門業者に依頼して「話が出る」のを待つ
②金融機関のビジネスマッチングを活用して「買いニーズ」を登録しておく
③業界団体の会合やネットワークを活用して「情報が入る仲間作り」をする

といった方法が主だったものです。

実際には、「M&Aによる成長戦略」を謳い相応の買い取り実績が出来てくれば、いろいろな機関から話が舞い込むようになるはずです。いずれにしても「仲介ネットワーク」「情報ネットワーク」を構築することが、M&Aや資本参加による「事業再編」を進める第一歩になります。

二つ目のチャンスは「共同事業化」です。縮小する市場の中には「疲弊する企業」が数多く存在します。ところが、金融環境が極めて緩和的であることや既存の蓄えが相応にあるなど「直ちに声を上げる」までに至っていないだけです。将来的には厳しいと考えている企業は数多くあり、こうした潜在的なニーズを顕在化させて、中核企業を中心とした「共同事業」によって解決を図ることも「業界再編」のひとつです。

例えば、ある地域の中核企業は優良だが、その他10社は厳しい状況にあるときに「事業協同組合」といったヴィークル（器）を活用して、11社の仕事を統合し共同で事業を行うのです。こうすることで、本来は退出すべき企業も「役割」を残すことが出来ます。全体としては「統一した経営体」として供給力の調整や加工技術の規格化など経営の効率化や品質向上を図ることで付加価値の増大を目指すのです。

共同事業化は「信頼関係」が基礎となります。つまり同業者間の競争に明け暮れるのではなく、同業者同士で「未来の話」が出来るような関係を構築することが必要なのです。これがチャンス作りです。

こうした共同事業化には「仕切り役」が必要となる場合が多いので、公的支援機関や政府系金融機関の力を借りることも有益です。どうしても互いの利益がぶつかることもあります。細かい意見の食い違いが生じることもあります。そういった時に中立的な立場で話ができる「仕切り役」は貴重です。また、共同事業の開始にあたってはリスクが伴いますので、資金面などで支援してくれる金融機関の存在も必要です。

「事業組み換え」を志向する企業は、金融機関や支援機関を上手に活用することが重要です。やはり「事業売却」の相談は金融機関に入ることが多いですし、ビジネスマッチングは本業支援として重視されていますので、チャンスはあるはずです。

とはいってもタイミングの問題がありますので、「事業の売却」や「事業の買い取り」を成長戦略として描いていることを、これらの機関と事前に共有しておくことが必要です。特に全国にネットワークを有する金融機関ではマッチングの母集団も拡大することから、上手に付き合うことで可能性を拡げることにつながるでしょう。

加えて「売却」「買い取り」いずれの場合も、当該業界の企業間で行うことが多いので「業界における情報ネットワーク」の構築は一番効率的な手段ということがいえるかもしれません。

事業組み換えにあたって、ぜひ頭に入れていただきたいことが「ベンチャー企業」との連携です。

ベンチャー企業は既存業界の課題となっていることをＩＴ等の新しい手法を活用して解決することで付加価値を高めようとしています。したがって「資金はないけれど知恵や技術がある」といった場合が多いのです。同様に「熱意はあるが、組織が未成熟で事業推進力が弱い」といった面もありますので、「ベンチャー企業」とのつながりをもつことで、業界再編や事業組み換えに大きなパワーを得ることができる場合があるのです。近時はベンチャー企業とのお見合いの場も設定されるようになっていますので、ＨＰなどを見てこうした機会を活用することを心がけるといいでしょう。

次に「業界再編」や「事業組み換え」の実務的な面を考えてみます。具体的には「買収できるか否か」の判断をどうやってすれば良いかです。これは「資本参加」による事業再編等でも応用できるものです。要するに一種の投資判断です。

通常M&Aは「買い取り資金を借入によって賄う」場合が多いと思います。したがって、買い取りのために借入した資金を所定の期間内で返済できるようなキャッシュフロー（以降CFと表記）を生むかどうかが判断のひとつになるのです。例えば借入期間を5年と定め、買取案件からの毎年創出されるCFの5年分が借入金の返済合計額を上回ることがミニマムラインになるということです。

この「投資回収期間」の設定については「案件」次第だと思います。得ようとしている効果、CFの創出予想などをベースに設定しますが、あまりにも長い期間は好ましくないと思います。その理由は、時間が経てば変数も増え、当初予想からリスクも積み上がる可能性があります。何よりさほどに長期でなければ投資回収できない「案件」がそもそも良い案件なのかという問題もあります。通常は5年程度を目安にするのだと思います。

「利回り」から価格を想定する場合もあります。業界再編といっても会社を買い取る以上は「投資」という側面は否定できません。金融資産の運用を大きく下回る利回りであったり、業界一般の収益率からみても低いものであれば、案件として取り上げる意味があるのかという話にもなります。

利回りについては一般的な基準や時々の金利水準などが参考になります。図16－1に投資額

図16−1

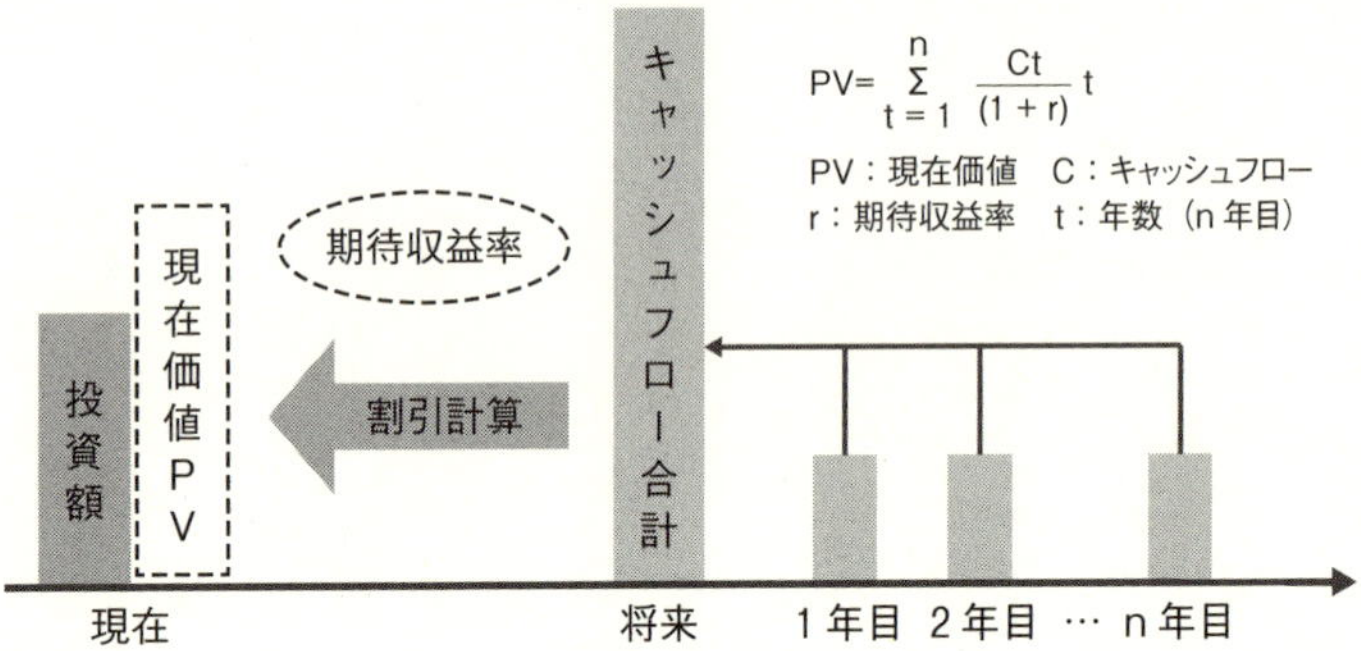

と利回りとCF累計額の関係を示しています。この図のように、毎年キャッシュフローが生まれ、n年分のキャッシュフロー合計額を「期待する利回り」で割引計算すれば「投資額の妥当性」を判断できるのです。こうしたやり方は投資額の妥当性を検証するための方法となっています。

これ以外にも「買い取りによる相乗効果」を加味する場合があります。単純に「買収企業」のみで創出されるCFが少なく、投資回収期間を下回るような水準だとしても、被買収企業が傘下に加わることで、買い取った企業やそのグループにプラスの影響が生まれる場合があるからです。そうした直接間接の相乗効果をみて、全体で得られるCFが十分であれば「投資額の妥当性」はあると判断できるのです。

そうは言っても買収に伴う「変数」や「リスク」はたくさんあります。買った後のオペレーションが描ければ期待したCFを生まない場合もありますし、企業再生のプロの手で経営改善が進捗して期待以上のCFを得られることもあるのです。そういった意味では、理論的な価格判断だけでなく、総合的な手腕と判断力・経験値が必要であることは間違いありません。

次に「業界再編」や「事業組み換え」を行うために必要な「社内の体制整備」について説明します。

業界再編をやりたい、事業組み換えをしたいといっても何の準備もないままに挑戦したら「無駄死にするリスク」があります。業界再編や事業組み換えは誰もが出来る「簡単な挑戦」ではないのです。やはり懸命に勉強し、体力を整え、全力で挑戦すべきテーマです。具体的には、過当競争構造を解消して自社の成長戦略に結び付けるために「ストーリーの作成」や「体制整備」といった地道な準備が欠かせません。

第一に「戦略の立案」です。「夢を実現するためのストーリー展開」と言い換えてもいいでしょう。ストーリーには以下のようなものを入れます。

①目的（M&Aによる集束により何を得るか）
②時間軸（どのぐらいの期間でゴールを目指すか）
③エリア（全国か、自社の商圏内か、その他か）
④再編の方法（M&A、資本提携など）

⑤資金調達規模・方法（予算規模＝調達可能額・調達行など）
⑥収支計画の概略（数字的検証、リスク検証）
⑦効果検証

1 目的の明確化

業界再編や事業組み換えの「目的」を明確化することがスタートです。もちろん「シェアアップ」「商圏の補完」「共通部門の合理化」などがあるとは思いますが、最終的なゴールと目的を明確化にすることで、揺るぎないストーリーとなります。

2 時間軸の設定

相手もあることなので自然体でという構えもあるとは思います。一方で、自社の成長戦略と結び付けるのであれば、主体的かつ計画的に進めるべきです。機会を窺っているだけでは計画として成立しません。気付かぬ間に別の会社にM＆Aされたという事態も起きかねません。主体的な行動を行うためには、まずは時間軸の設定をするべきです。

3　エリアの設定

自社の体力、再編等の目的に応じて再編エリアの設定を行います。再編エリアが広域であれば、マッチングも全国展開している銀行や支援機関に依頼する必要が出てきます。当然再編の目的とも整合する話です。

4　再編の方法

買収一本でいくのか、資本提携や業務提携なども含めて柔軟に行うのか、を検討します。これは、収支計画などにも影響を与える話なので、再編の目的などと照らして適切に設定する必要があるでしょう。

5　資金調達の検討

元手がなければ再編も適いません。もちろん都度都度の相談にはなるのかもしれませんが、自社の調達力も含めて検討しておかなければ「計画」が足元から崩れてしまいます。

6 収支計画の作成

やはり最終的な形を見るうえでも、リスクの範囲を検証するうえでも「収支計画」の作成は欠かせません。金融機関などでも買い取り資金を融資する際に、必ず検証する部分ですので描いておく必要があります。

7 効果検証

最終的には、収支計画や相乗効果なども含めて「目的にふさわしい効果」があがるかを検討することになります。効果を得ることができなければ戦略の意味がありません。計画通り行かなかった場合のリスク検証も含めて効果検証をしましょう。

戦略立案とともに準備しておくことが「社内体制の整備」です。

実際にM&Aを実施すれば「社長自身の関与」「人の派遣」「業務の共通化や整理」といった諸々のことが必要になります。例えば「社長室」「戦略室」といった形で専門部署を作った方が円滑に事業再編を進めることができるでしょう。

人を派遣する場合には「適材」が必要です。当然その後任も必要となりますので「人材育成」

も欠かせません。外部からの人材調達も含めて計画的に進める必要があります。

また「業務の共通化」といったことで言えば「社内各所を集めたプロジェクトチーム」の組成も必要となるでしょう。通常の業務に加えての話ですから各部署の体制整備も必要です。

自社の成長戦略を描くうえで、業界再編や事業組み換えは有力な方法となります。過当競争構造を解消することは間違いなく利益であり、更なる展開を助けることになります。プロトピアの時代に「アニマルスピリット」を発揮して、こうした挑戦を行う経営者が一人でも増えることを祈っています。

第17章

ネットワーク構築と構想力

第十の「突破口（ブレークスルー）」が「ネットワーク構築と構想力」です。

ネットワークを直訳すると「網」です。テレビなどで「放送網」と称してキー局が制作した番組を各地のTV局が放映しますが、キー局を核とした放送局連合をネットワークと呼んでいます。さらに、世界中のパソコンをつないだインターネットは、ネットワークそのものといえます。

本章でいう「ネットワーク」は、「経営者と経営者のつながり」「企業同士のつながり」といった連携またはその輪（グループ）を指しています。例えば「銀行の顧客交流会」といった組織がありますが、当該銀行の取引先企業で組成された異業種ネットワークということができます。あるいは、製造業の経営者が任意で技術研究の勉強会を組成している場合もあります。これは同業者の研究会ネットワークということになります。このように世の中には、様々な企業や経営者のネットワークが存在しています。

プロトピアの時代には「良いネットワーク」を持つ者が非常に有利です。良いネットワークに参加している者と参加していない者では、いろいろな形で経営に差がつくことが多いはずです。差をつけられないためにも、むしろ差をつけるためにも経営者自身が〝良いネットワーク〟に参加し、あるいは自ら〝良いネットワーク〟を構築する必要があります。

それでは、なぜ「ネットワーク」が重要なのでしょうか。ネットワークには「経営者と経営者」「経営者と企業」「企業と企業」「企業と研究機関・支援機関・金融機関」をつないで「何かを創造する力」を潜在的にもっています。経営者や企業が「つながる」ことによって「刺激」「学習」「情報」「着眼」「連携」といった様々なモノが生まれるのです。

プロトピアの時代は「創造性」が重要なキーワードになります。しかし創造は容易ではありません。ネットワークの活動が有為であれば、コンフリクト（衝突）、深化、相乗効果を通じて新しい創造や付加価値を生むことが可能となるのです。そういった意味で、良きメンバーで構成され、意欲的な議論や研究が行われるネットワークに参加することは経営者にとって大きな意味を持つことになります。

以下、もう少し詳しく説明しましょう。

1　刺激を受ける

刺激を受けることは経営者にとって不可欠です。特に地方の経営者にとっては「刺激を受ける機会」を積極的に作らなければ「狭い世界」に取り残されるリスクがあります。情報化社会といっても、実際にはエリア間の情報格差社会でもあるのです。成長を希求する経営者は自ら刺激を受けるための場を求め、国内外に足を運んでいます。

刺激を受けることは「何かをやってみよう」「何かを変えてみよう」につながります。プロトピアの時代は「前例踏襲が利かない」「チャンスもピンチも多い」時代です。既存のフレームワークや仕組みを変えていく必要があります。だからこそ「自分にはないもの」「自社にはないもの」を得られるヒントを得るために外部との交流が必要なのです。外部との刺激によって発見があり、その発見の場を与えてくれるネットワークは「成長」や「革新」の原動力となるのです。これがネットワークの重要性その1です。

2 学習する

経営者には全国模試も予備校もありません。「経営力の向上」を図るためには「自らが学ぶ環境を作る」ことが必要です。ネットワークは良き出会いの場を提供してくれます。「良き指導者」「学ぶべき経営者」との出会いが学習の機会を作り、経営の気づきを与えてくれます。「ITを巧みに導入している経営者」「企業再生に独特の手腕を持つ経営者」「イノベーションに長けた経営者」「着眼点がユニークな経営者」「M&Aで成長戦略を実現する経営者」など、ぜひとも学ばせてほしいと考える経営者との出会いが待っています。

経営者が学ぶうえで大事なことは「自分より出来る経営者」と付き合うことです。当たり前のように思えますが、多くの経営者が「楽しい」「楽な仲間」と多くの時間を過ごしています。もちろん孤独な経営者が楽しい仲間を作ることには大きな意味があるとは思います。しかし

「経営力を高める」という観点からは「ちょっと居心地が悪い」「緊張感がある」「分からず苦しい」といった感覚が大事なのです。「学び」を得られるネットワーク、自分より出来る経営者が多く参加しているネットワーク、これは重要な意味を持ちます。

3　情報を入手する

経営において「良い情報」「的確な情報」「役立つ情報」を手に入れることは、ビジネスの質を向上させ、スピードを高めるうえで不可欠の条件です。もちろんインターネットを上手に活用することで多くの情報が手に入ります。しかし「人」「企業」から入って来る情報は「体験や見識」を伴う場合が多いので、重みが違うのです。

経営者であれば「金融機関」「支援機関」という取引関係のネットワークを通じて様々な情報を得ることができますので、これを活用しない手はありません。金融機関とは「カネを借りるときだけ話す」とか、支援機関とは「何かが起こったら相談にいく」といった姿勢ではなく。常日頃からリレーションを密にすれば「驚くほどの有益な政策情報」などを手に入れることができます。

また、「同じ産業界」や「異業種のネットワーク」も重要です。同業者であれば「協同組合・協会」、異業種であれば「商工会議所・商工会・中央会」といったネットワークが身近にあるはずです。こうしたネットワークに参加することで「業界特有の情報」「地域の情報」「施策情報」を得ることができます。情報化社会の中にあっても「人間を通した情報」を得ることが、ネットワークの重要性その3です。

4 着眼点を得る

ネットワークの重要性その4は「着眼点を得る」ことです。プロトピアの時代は「着眼点が多様」であることが「付加価値の源泉」となる場合が多いのです。しかし、社内で多様な着眼点を得ることは意外と難しいものです。そこで「社外の眼」を活用するのです。

異業種の経営者のネットワークは良い機会になるはずです。同業者であれば共通の課題や問題点を共有することはできますが、その一方で目線は同じような方向を向くことが多いものです。一方、商いが違えば視点も違います。例えば「同じ分析データ」を見ても、着眼するポイントや感じるポイントが違うのです。そこに「新たな着眼点」が生まれます。

最近は「オールドビジネスの2代目3代目によるイノベーションを志向する会」といった面白い目線で活動しているネットワークもあるので、いろいろ探して一味違うネットワークに参加できれば貴重な着眼点を得る機会となるでしょう。

5 連携して何かを行う

ネットワークの大きな魅力が「連携して何かを行う」ことです。これが重要性その5です。例えば「協同組合」です。若い経営者のなかには「組合」という言葉を聞くと「年配経営者のサロン」的なイメージを持つ人がいますが、それは少し理解不足です。「協同組合」という器（ヴィークル）を研究すると「株式会社」等にはないユニークな機能があることが分かります。典型は組合員一人一票という議決権です。株式会社であれば「より多くの株式を保有する資本家」が有利です。しかし、組合では出資口数の多寡を問わないのです。こうした背景には「人間同士のつながり」「相互扶助の精神」を重んじる哲学があります。協同組合は税率も低く、様々な中小企業施策の受け皿にも指定されることが多いのです。そういった意味では上手に活用すると大きな効果が得られるネットワークなのです。近時は「地域ブランドの創設」「品質を守るための業界規格の明示」「ＩＴの共同利用」といった共通の課題を解決するためのプラットフォームとなっている場合も少なくありません。

「プロジェクト型の連携」の方法もあります。「農商工連携促進事業」という中小企業庁の施策がありますが、中小企業と農林水産業者が手を組んで、お互いの経営資源を活かしながら新たな事業を創出する取り組みです。つまり「新しい事業を生む」という目的の下に、農家と中小企業がプロジェクトで連携するネットワークなのです。例えば、農家・化粧品メーカー・ホテルなどが手を組んで、いままで利用していなかった種子からオイルを抽出して商品化し、ホテルではスパでそのオイルを活用し差別化を図るといったプロジェクトが行われています。「研究開発」「商品開発」といった「イノベーションに挑むネットワーク」もあります。勉強会からスタートして、お互いの技術やノウハウ・経営資源などを理解しつつ、取り組むべきテーマを徐々に固めていきます。こういった連携は「経営資源の限られる中小企業」にとっては非常に意味のある取り組みです。プロトピアの時代に「何かを1社だけで行う」ことは難しいことです。知恵やスピードも限られます。お互いの得意分野を活かしつつ、オープンな環境を作ることが「連携をして何かを行う」うえでのポイントです。

さて「ネットワークの重要性」が認識できれば、そこから先は「ネットワークイン（参加）」するか、「自らがネットワークを構想して作る」か、のどちらかです。「参加する方が簡単だろう」と思われる方も多いと思います。事実身近なネットワークは気軽に参加できますが、目的性が高く有効なネットワークであれば「参加資格」が問われます。ネットワークにおいて「自分だけが受益」するという姿勢では、結果として得るものは少ないはずです。ネットワークにおいては誰もが提供者であり、受益者であるべきです。そして、何も提供できない参加者はその存在価値を認めてもらえないはずです。ネットワークを有効に活用するためには「ネットワーク参加者からの互恵的信頼」が不可欠であり、「ネットワークに対する貢献」の積み重ねが信頼につながるのです。

ネットワーク初心者は、まずは「既存のネットワーク」に参加してネットワークの価値や有用性を確認することから始めるとよいでしょう。一般的な企業であれば、何らかの協同組合に加入しているはずです。商工会・商工会議所といった中小企業団体、あるいは金融機関の顧客親睦会などに加入していることも多いものです。こうした既存のネットワークは「会員資格」があるので参加もしやすいはずです。それぞれの特長やメリット・デメリットをしっかり理解したうえで、役立つ部分はどんどん活用すればよいと思います。繰り返しになりますが、多くを得たいと思うのであれば、アクティブな行動が必要であることは理解しておきましょう。

一方、「新たなネットワーク」に飛び込むという方法もあります。近時は様々な勉強会や研究会が開催されています。経営者塾的なネットワークも存在します。オープンイノベーションを志向するネットワーク（例：ＮＥＤＯ「オープンイノベーション・ベンチャー創造協議会」）もあります。自社の経営の方向性を踏まえて、いろいろ探索してみるとよいでしょう。ただし、こうしたネットワークこそ、参加する以上ある程度力を入れて活動しなければ得るものは少ないはずです。経営者としての仕事に加えてこうしたネットワークに参加する以上、得るべきことを見据えて参加すべきです。逆に意味がなければ無理して継続する必要もないと思います。

そして、参加するだけが「ネットワーク活用」の方法ではありません。

自らが「構想してネットワークを作る」という方法もあります。こうした方法は当然「相応の負担」を覚悟する必要がありますが、創設から形成のプロセスを通して経験できる内容は濃いものです。また、活動を通して多くの出会いが生まれるはずです。

ネットワークを構想するのであれば、ネットワークの「付加価値」や「魅力作り」を徹底して考え抜くべきです。「共感者」が増えてこそのネットワークです。共感者を増やし、ネットワークの質を高めるために基本となるコンセプトが重要です。一言で言えば「誰が参加しているか」「何が目的か」がネットワーク作りのポイントなのです。

優良なネットワークは「ノード（参加者）」や「リンク（結び付き方）」が抜群です。また、優秀なノードほど「面白い会」を探索しているものです。そして優秀なノードほど刺激や連携を求めて共振しますので、ネットワーク自体が活性化します。ネットワークの優劣は、参加者全体の熱意や共振から生まれる創造性の多寡です。優秀なノードを集めるためには、集められるだけの「ネットワーク構想」が必要です。

しかし最初から大魚を狙う必要はありません。身近で一緒にコラボしてみたい経営者数名から始めれば良いと思います。ネットワークの大きさはある程度重要ですが、核となるメンバーの一体感や求心力も重要な要素です。しっかりとしたコア（核）を作るうえでも数名の良き仲間から始めればよいでしょう。ただし目的や付加価値を明確にしておかないと「飲み会」「サロン」と変わらないものになってしまいますので留意が必要です。もちろんサロン的な雰囲気から創造性が生まれることもあるのですが。

問題意識が共有できて、創造的な議論を誘発するようなネットワークを構想できれば、こうした組織体を起点に大きな「エコシステム（生態系）」を作ることができるかもしれません。ネットワーク組成が新たなビジネスのベースとなることが間々あるのです。

こうしたネットワークに「シェア（共有）」という考え方を入れてみると面白いことができるかもしれません。つまり「シェア」をすることで様々な企業の問題を解決できる可能性があるのです。

昔から「協同組合」では「共同加工」「共同保管」「共同借入」といった〝シェアリング〟によって様々な問題を解決していました。例えば、零細企業が1社1社で加工場や工員を抱えているとコストもかかるし、稼働率も十分確保できない場合が多いものです。そこで「原材料の1次加工」については設備と工員をシェアすることで「コスト」「効率性」を高める取り組みを行ったのです。

近年日本は人口減少を背景に「縮小する市場」が問題になっています。海外向け輸出が伸びている日本酒業界でも「石高（生産量）」は右肩下がりの企業が多いのです。こうした企業が老朽した設備を更新する必要が出たときに「再投資を逡巡する」可能性は十分考えられます。設備投資をしても見合う将来キャッシュフローを得られる自信がないのです。

こうしたケースで中核となるネットワーク構想者が「最新の日本酒生産設備」を用意して、各社のレシピに基づいてそれぞれの販売量に合わせた生産をすれば「ファブレス日本酒メーカー」として多くの日本酒メーカーが存続することができます。工員を含めた生産設備全体を「シェア」するという考え方です。

このように、ネットワークを構想する場合に「シェアリング」という発想を入れると魅力の高い網を作ることができるかもしれません。このシェアリング（共有）という考え方は「オープン（開放）」という発想も伴うことが多いので、所謂「オープンイノベーション」の契機になる可能性もあります。

新しい時代には新しい概念を織り込みながら、有益なネットワークを作ることができるのです。それが自社の生き残りや成長につながることを忘れてはいけないでしょう。

第18章

財務戦略の検証（新時代の金融機関との付き合い方）

第十一の「突破口（ブレークスルー）」は、「財務戦略の検証」です。そこには「金融機関との付き合い方」まで含まれると考えています。

日銀の短観によれば、2014年頃から中小企業に対する金融機関の貸出態度は歴史的緩和状況にあるといってもいいと思います。中小企業向け融資は過当競争となっており、貸出金利の低下や貸出条件の緩和といった恩恵を受けている企業が少なくないと思います。一方、中小企業の財務体質もバブル崩壊や貸し渋りを経て着実に改善されています。財務省のデータによれば自己資本比率も4割を超えています。そういった意味で、現段階では多くの中小企業が納得性の高い資金調達を行なえているように思います。

それではプロトピアの時代に生き残るために、どんな財務戦略を描けばよいのでしょうか。財務戦略とは「企業のカネ」に関する戦略を指します。「企業活動に必要な資金の調達」「資金の用途に対する意思決定」「利益から生まれたカネの配分」といったことです。中小企業にとって「資金調達」がメインになりますが、新たな時代を切り拓くために「事業を支える投資に対する意思決定」も重要な要素となってくるでしょう。また、「親族外の事業承継」が増加するなかで、「株」「配当」といった配分に係る問題も軽視できなくなっています。本章では財務戦略に関する3つの領域について説明したいと思います。

1 資金調達のバランス

第一が「資金調達」です。プロトピアの時代になろうとも中小企業の資金調達にとって重要なことは「安定性」と「効率性」のバランスを取ることです。

中小企業の財務が大幅に改善されたとはいっても、やはり財務的ボラティリティ（変動率）は低いとはいえないでしょう。大不況が2~3年続き、為替の大変動や自然災害などが起これば財務が毀損し、資金調達に難を来すことがないとはいえません。

こうした点からも中小企業において資金調達の最重要課題に位置付けるべきは「調達の安定性」です。この点については

①金融機関の選択や構成を正しく行う

②取引金融機関とのリレーションを確固たるものにする

といったことがポイントになります。

①金融機関の選択や構成を正しく行う

一言でいえば「その銀行は大雨の日に傘を貸してくれるか」が判断基準です。

財務内容が良い状態や競争が激しい環境において、積極的かつ低利の資金供給を行う金融機関は星の数ほどいます。同様に「大雨の時に傘を取り上げる」金融機関も少なくありません。

財務戦略の基本は「調達行の選択を誤らない」ということです。

次に大事なことは「適切な調達バランスを作る」ことです。銀行や資金の特色を見極めて、この銀行の調達シェアは5割、あの銀行は3割といった具合に全体の構成を決めることです。身の丈に合わないブランド銀行を選択して苦労している事例を散見します。あるいは一極集中し過ぎて何かトラブルが発生したときに首が回らなくなるのではと懸念されるケースもあります。逆に、身の丈からは多すぎる金融機関構成になっていて、いざとなったときに旗振りをしてくれる銀行がいないのではないかというケースもあります。

大事なことは「常に伴走」してくれて「当社を深く理解」している「大雨の日に傘を貸してくれる」金融機関を見極めて付き合い、調達金融機関の構成も「各銀行が特色を発揮しながら力を合わせて支えてくれる」ような形にすることです。こうした点に不安があるのであれば信頼できる政府系金融機関や支援機関に「検分」してもらう方法もあると思います。

②取引金融機関とのリレーションを確固たるものにする

良い銀行を選択し、良い構成を作ったからおしまいということではありません。「人は普段が肝心」というように、日頃の関係を「良い状態」に保つことが「大雨の日に傘を貸してもらう」ことにつながります。

ご承知の通り、金融機関は定期的にラインが替わります。支店長が変わったと思ったら担当者が変わったなどということはよくあることです。そしてラインを構成する担当者たちが常に良いとは限りません。出来の良い場合も悪い場合もあります。極端なことをいえば「支店長との相性」といった問題もあるでしょう。

こうした点を踏まえれば「環境に胡坐をかく」ことはできないはずです。ご苦労様ではありますが、常に金融機関とのリレーションを良い状態に保つ努力が必要です。こうした話をすると「金融は殿様か」という話になるのですが、当然金融機関側も同じような努力はするはずです。ここでいうのは「自社の資金調達の安定性を保つ」ために、自社の利益のために頑張るということです。

リレーションをとる最善の方法は「定期的にコミュニケーションをとる」ことです。ときには銀行を訪ねて支店長や担当者の顔を見ることです。現在の経営状況の話でもいいです。設備投資計画の予定でもいいです。自社の事業活動について説明をしておくことがリレーションを深めるうえで大きな力となります。

2　資金調達の効率を高める

次は「資金調達の効率性」をどう実現するかです。

プロトピアの時代は「フィンテック」といった新しいプレイヤーが金融に加わるはずです。

同様に「クラウドファンディング」に代表されるような新しい調達チャネルも増えることでしょう。こうした新しい手法も活用しながら「コスト」「手間」といった効率性を高めることは必然となるでしょう。既存の金融機関もこうした新たなプレイヤーの手法は意識していると思います。新しい手法に飛びつくだけでなく、既存の取引金融機関のサービスを引き出すことも効率性を高めるうえで大事なことです。

効率性は「金利」「手間」という問題なので、ここでは「効率性」を高めるうえで注意する点だけを申し上げましょう。具体的には以下の2点です。

①金利といった条件オンリーに陥らない

②効率性によってトレードオフとなることに気を配る

①金利といった条件オンリーに陥らない

近時は金利など「貸出条件」だけを重視する経営者が増えました。経営効率を高めるためにコストが重要であることは認めますが、「ついてこれない金融機関は相手にしない」といった一方通行である場合が多いことを懸念しています。

ビジネスの基本は「Win-Win」です。これが崩れた取引関係は継続できません。したがって「貸出条件」を全面に出して、それだけで取引の軸を決めてしまうことは金融機関側から見れば信頼関係を見出せなくなるのです。もちろん金融機関側の経営努力は不可欠であり、企業側が敢えて高い金利で資金調達をする必要はないのですが、資金調達は「安定性」も含めたトータルで判断することが重要だということです。

例えば「金利を安くするために工場建設資金を当座貸越で調達する」といったことが正解とは限らないということです。15年の長期資金で調達をすれば金利は高くても「期限の利益」は確保されます。業績が悪くなった場合に「当座貸越契約が更新されない」ことになれば、一挙に返済を迫られる可能性があります。

良い時ばかりを念頭において判断するのではなく、経営リスクを想定して総合的な判断をすることが必要であることを認識してほしいと思います。

②効率性によってトレードオフになることに気を配る

ＩＴの発達によって「資金調達」をしていることを感じさせないような「調達形態」が生まれるはずです。例えば「自動充足機能」のようなもので、当座預金の残高が２千万円を切った段階で自動的に資金が貸し出され、資金が一定以上増加した段階で返済に廻っているというスタイルです。こうした機能が実現すれば資金調達担当者は「借入の申し出」をする必要がなくなりますので、「借りている感」もなくなる可能性があります。あるいは取引の基本すべてがＩＴ機能で可能となれば「金融機関の担当者と会う」必要がなくなります。

個人の場合はそれで問題がないと思いますが、中小企業の場合は問題なしとはいえません。

前段の「調達の安定性」で説明した通り、中小企業の資金調達には「金融機関とのコミュニケーション」が不可欠です。便利さを追求することは当然としても、何かを得れば何かを失うリスクもあることを財務戦略のなかで意識していただきたいのです。

3 事業性評価

次に「事業性評価」とどう付き合うかについて説明します。事業性評価は「お客様である中小企業の未来が、現在以上に良くなることを願い、改善すべき課題や後押しすべき長所を把握し、それをお客様と共有し、深い信頼の下で金融機関が持つノウハウを活用したサポートを行う」（拙著『事業性評価と課題解決型営業のスキル』）ことを目的とするものです。

金融機関が事業性評価に取り組む背景には「金融仲介機能を通じて培ってきた『分析力・情報力・ネットワーク力』を用いて『中小企業の課題に応える』ことが、中小企業・金融機関相互の利益であり、金融機関が生き残ることのできる唯一の道」（同著）だからです。したがって、多くの金融機関が「事業性評価を起点とする課題解決型営業」に舵を切るはずです。

それでは「事業性評価」と従来の「審査」は何が異なるのでしょうか。大きく2つあります。ひとつは「目線の転換」です。すなわち「共創の目線」です。事業性評価は「お客様の未来をより良いものに変えるために、お客様と協力しながら『ありのままの姿』を把握し、未来像と現状のギャップを解消するための基礎とする」ものです。したがって、お客様にも情報提供や対話を増やしていただく必要があります。従来の審査は言葉通り、銀行の債権の健全性を確保するため、お客様の信用状況を格付けるといった選別の目線があったと思います。しかし、事業性評価の主役は「中小企業」であり、「より良い未来を作る」ための課題や成長ポイントを発見するためのツールです。評価を起点として「解決策やサポート」につなげるのが金融機関の仕事ですから目線が異なるのです。

もう一つの相違点は「調査の幅と深度」です。従来の「財務分析」中心の評価から「経営環境」や「非財務面」の情報を取り入れて、より正確な企業像を描き出すのです。非財務分析に関しては、決算書以外の情報ですから、技術やノウハウ・営業基盤の強さなど様々な角度からお話しいただく必要があります。そういった意味で、従来以上にディスクローズや対話が重要になってくるのです。

こうした動きを中小企業も前向きに受け止めて、自社の成長や経営改善につなげることが重要です。そのためにも「事業性評価に強い金融機関」を選択することは大きなポイントになります。従来の「財務諸表」「付属資料」を中心とした分析では、金融機関毎の評価が大きく食い違うということはなかったはずです。しかし「事業性評価」においては、マクロ経済から個別の非財務的要素まで「幅が広いうえに、専門性を求められる」ことから、金融機関毎の「品質の差」が大きくなることが予想されます。

つまり「見る眼のない」金融機関と付き合っていれば、より本質的な課題指摘やアドバイスを受けることができません。同時に、適切に問題や成長点を把握しているからこそ「適切なソリューション（解決策）」を提供できるので、そのソリューションの差にもつながってしまいます。

また「ソリューションの提供力」もポイントになります。例えば、販路拡大のためのビジネスマッチングひとつをとっても「エリア限定」か、「全国ネット」かでマッチングの範囲に大きな差を生じることになります。あるいは「不動産流動化」や「組織化による共同事業化」といったノウハウを持つか持たないかでソリューションの選択肢も違います。

このように「財務戦略」の一端に「事業性評価」を位置づけることが大事ですし、その事業性評価をしっかり行える金融機関と付き合うことが企業の課題解決に直結するということです。そういった意味で、資金調達で説明した「安定性と効率性」のバランスに加えて、「事業性評価力」まで念頭に置いた金融機関選びが財務戦略の要諦となるのです。

4 投資判断

次に「投資判断」について触れたいと思います。

財務戦略のなかに「事業を支える投資に対する意思決定」が含まれることは前述の通りです。

中小企業の経営者は「勘を重視する」場合が少なくありません。もちろん「投資に対する回収」という概念を持っていないとはいいませんが、論理性だけに囚われない「エイヤッ」の部分があることも事実です。ケインズが「アニマルスピリット」と呼んだ「経営者の蛮勇」「挑戦心」は極めて重要ですが、一方で「論理性」を高めることもプロトピアの時代の財務戦略として必要なことです。変化のスピードと振幅が激しい中で「仮説」という論理が通じるのかという疑問はあるかもしれませんが、逆に「リスク管理」という側面はより強くなることが考えられます。そういった意味でも「投資判断に論理性を加える」ことが財務戦略の要諦といえるのではないでしょうか。

論理性を加える一例として「ＲＯＩ（投資収益率）」という指標の活用があります。既に「ＲＯＩ」を経営の管理指標のひとつとして使っている中小企業もあると思いますが、まだまだ一般化された指標ではありません。

ＲＯＩは、投資に対してどれだけ収益が上がっているかを見る指標ですので、投資計画を立てる際に「一般金利」「当社の他事業の収益率」などと比較することで、効果として満足できるかを知ることができます。例えば、新たに1億円の多軸マシニングセンターに投資しようとしている場合に、この機械を導入することでどの程度の収益があがるのか、収益率が低すぎて投資する意味がないのではないか、といった検証に役立つはずです。

第16章で紹介した「キャッシュフローの現在価値と投資額」を比較する方法も検証に役立ち

ます。キャッシュフローを保守的に見積もったり、あるいは現在価値と投資額が均衡するような収益率を見ることで客観的に投資の適正性を判断できるはずです。結局こうした論理的検証を行うことが、リスク管理につながることになります。

プロトピアの時代の「財務戦略」として「投資に対する意思決定の高度化」を図ることは重要な意味を持ちます。挑戦が求められる時代だからこそ、リスク管理も高めなければならないのです。それがなければ「挑戦」が「無謀な取り組み」になってしまうことさえあるのです。財務戦略は、事業戦略を支えるものであることを忘れず、こうした高度化も図って参りましょう。

最後に「利益から生まれたカネの配分」について触れます。具体的には「利益分配」と「資本政策」です。

従来の中小企業であれば、資本や配当に頓着する必要はありませんでした。無配でも給料で調整すれば良いし、株価も抑制できたとか、幾つか理由がありました。しかし、親族外の事業承継が5割を超える現在、「株主」といったことをしっかりと考えて、長期的な視点で「配当の在り方」「資本政策の在り方」を考える必要があります。配当はゼロで株も別に動かさないし、細かい事は税理士にお任せという姿勢ではなく、株価の問題、配当の問題、資本政策の在り方を自分自身で勉強することです。ここでは詳細を省きますが、こうした「資本政策」「配当政策」は経営者の重要な問題であることを再認識していただきたいと思います。

第19章

グローバル戦略の再考

第十二の「突破口（ブレークスルー）」は「グローバル戦略の再考」です。

縮小する市場をもつ日本の中小企業が、新たな成長を得るために「海外市場」が重要であることは論を待ちません。実際に日本の中小企業においても「製造業」を中心に海外展開が行われてきました。大企業の「適地適産」という生産戦略のグローバル化のなかで、中小企業のモノづくりの素晴らしさを熟知している大企業は「下請け企業」の海外進出を促しました。日本の生産水準を海外でも同じように再現するためには、中小企業の存在が不可欠だったからです。逆にいえば、下請け中小製造業は「販売先の心配」をすることなく、生産体制をどう整備するか、品質をどう維持するか、といった点に力を集中することができたのです。

一方で、こうした状況を悪く言えば「隷属的な関係を引きずった海外展開」ということになります。大企業も中小企業も国内における「モノ作り」を海外で再現しているに過ぎませんでした（もちろん生産水準を落とさないためのご苦労は多くあったことは承知しています）。言い換えれば、日本のサプライチェーンを海外にそのまま移転したようなものです。

せっかく海外に展開しているにも関わらず、マーケティング的な視点や海外ならではのモノづくりの在り方などを考える機会が失われたことは否定できないと思います。もちろん中小製造業の海外進出は、その企業にとって成長につながる場合が多く、また人事管理、税務処理、コンプライアンスなど各国独自の対応を学ぶという点でも成果が大きかったと思います。しかし、販売先の拡大や当該市場の開拓という点では、まだまだ課題が残っているといっていいのではないでしょうか。

加えて「非製造業」の海外進出は出遅れたと言わざるを得ません。もちろん商社やＩＴ関連など積極的に海外展開を図った業態もあります。しかし、日本が誇るコンテンツ産業、観光旅館、サービス産業などは製造業の進出に比べれば出足は良くありませんでした。

プロトピアの時代、世界情勢が複雑さを増しています。また、グローバリズムの深化が様々な摩擦や問題を産み出しています。ＧＡＦＡの例もあるように、税などに関する国家との対立も見られます。新興国の企業も確実に成長し、世界を動かすプレイヤーもどんどん増えています。

こうした環境変化を踏まえれば、日本の中小企業のグローバル戦略も「過去の成功体験や前例踏襲」に囚われることなく、新たな戦略を打ち出す必要があるのです。既に海外進出を果たしている中小企業でも、あるいは新たな海外展開を検討している中小企業でも、現在の世界情勢や経済の枠組みを十分理解したうえで、自社に適した成長戦略を描くことが求められているのです。

それではどんな着眼点で「グローバル戦略の再考」を行えばよいのでしょうか。具体的には、以下の４点に着眼すべきだと思います。

①海外人材の活用による成長戦略
②オープン・イノベーション戦略のためのネットワーク構築
③日本文化を背景とした非製造業の展開（協業という生態系）
④M＆Aを活用した成長戦略や再生

1 海外人材の活用による成長戦略

国内の人材問題を考えるときに「生産労働人口の減少」という問題に限らず、「グローバル志向の弱さ」「ＩＴ人材の不足」「高度研究開発人材の不足」といった問題があります。

従来「日本人労働者は優秀」という定説が支配し、外国人労働者は３Ｋ的な職場や補助的人材としての活用が多かったのではないでしょうか。もちろん「日本人労働者」の多くがビジネスの基礎である一定の学力やモラルを持っていることは否定しませんが、海外人材でも「言葉の壁」が邪魔しなければ優秀な人材は少なくないと思います。

国内市場を相手にする業態は別として、国内で何でもかんでもやろうとすると「人材不足」というジレンマに陥ります。日本語の壁は低くありません。そうした壁を乗り越えて日本にやってくる人材には限りがあると考えるべきです。日本はアジアにおいて尊敬される存在ではあると思いますが、法や環境整備や国内感情などの問題から「海外人材」にとって必ずしも「適地」とは認識されていない部分も多いのではないでしょうか。

そこで「IT人材」「研究開発人材」など日本では不足しがちな人材の活用を「彼らの地元（＝海外）」で行うという発想があってよいと思います。「研究開発やマザー工場など基幹業務は日本で」という定説を脱して、「人材の集まるところで行う」という発想をもつべきです。そういった意味では、中小企業も国内の大学留学生や研究機関との連携を模索しながら「海外人材」を活用する道筋を拓くべきだと思います。

2　オープン・イノベーション戦略のためのネットワーク構築

プロトピアの時代は「中小企業の時代」であることは説明しました。オーナーシップをベースとしたリスクを受容できる中小企業の体質が「イノベーション」を生むためにも適した組織であるというものです。しかし、そうした中小企業の体質があるからといって、1社でイノベーションを生むことは難しいものです。やはり餅屋が集まって知恵を出し合い、刺激をし合いながら行う「オープン型」のイノベーション戦略がいろいろな意味で有効だと思います。

そして「オープン・イノベーション戦略」において、連携する企業間ネットワークは必ずしも「国内企業に限定する必要はない」はずです。もちろん「言葉の問題」はありますが、近年はITの発達や支援機関のハンズオンなど乗り越えることが可能な環境になっています。そこで海外において「オープン・イノベーション」を行うためのネットワークを組成するのです。

中小企業のいままでのグローバル戦略は「生産戦略」「販売戦略」が中心でした。そこに新たな「イノベーション戦略」を付加して、海外企業や海外研究機関等との連携を模索することが必要な時期にきています。

最初は「海外見本市」といったところからスタートして、同業者や関連業者などネットワークを拡げながら、連携企業や機関を探すことになりましょう。現在、いろいろな支援機関や団体がこうした海外視察ツアーや交流ツアーを企画しています。行政の施策もあると思います。こうした支援策を活用しながら自社なりのネットワークを構築することが「新たなイノベーション戦略」のベースになると思います。

3 日本文化を背景とした非製造業の展開（協業という生態系）

日本食は「世界のブランド」のひとつになりました。「すし」はその典型で回転寿司チェーンなどが各国に展開をしています。日本酒の認知度も上がり、毎年輸出も増加しています。値段の問題もあり、まだまだ量的には少ないものの日本米の美味しさも認知され始めています。

アニメ・漫画の効力は絶大です。クールジャパンの典型的な成功例です。日本のナンバー1認知度産業といっていいかもしれません。

しかし日本文化の裾野は広いので、日本文化を前提としたきめ細やかなサービス産業の進出余地はまだまだあると思います。問題は進出の仕方です。そこを再考する必要があると思います。

例えば牛肉などは「神戸ビーフ」「松坂牛」といった個別地域毎のセールスモーションを展開しているように見えます。力が分散しているように見えるのです。もちろん「個のブランド」が受け入れられることで派生的に他のブランドに展開する例もあります。しかし「個のブランド」力はまだまだ十分とは言えません。まずは「和牛」「ジャパニーズ・ビーフ」といった形でプロモーションして、そこから個別のブランド展開に入る方が多様性にも気付けるし、総合的なブランディングとして機能するように思うのです。

あるいはコラボレーションもあると思います。「服飾」＋「美容（ヘア）」＋「化粧・ネイル」といったトータルの「生態系」を構成して攻める方法もあると思うのです。ジャパン・クールビューティといった形で、海外の女性をジャパンセンスでトータルコーディネイトするのです。つまり「協業による生態系」を形成して、日本文化を背景とした総合力で攻めるのです。中小企業においては、特に非製造業においては1社だけで海外展開する限界もあるので、こうした「協業」を戦略に取り込むことも必要ではないでしょうか。

4 M&Aを活用した成長戦略や再生

親族外の事業承継が主流となるなかで、中小企業におけるM&Aも一般的なものとなっています。また、中小企業においても同業者のM&Aを通じた業界再編を成長戦略と位置付けて積極的な展開をしている企業も珍しくなくなりました。

こういったM&Aを活用した成長戦略を「グローバル戦略」として盛り込むのです。つまりM&Aの範囲を海外まで拡げるという考え方です。製造業においても現在はゼロから工場を建設する場合が大半ですが、時間もかかるうえに雇用確保や工員の教育など非常に手間がかかります。

そういった意味で、時間と手間をM&Aで解決するという国内の手法を海外でも実施すべきだと思います。非製造業などで店舗展開をするようなケースも同様で、すでにある企業インフラを活用する方が速い場合が多いと思います。

当然のことながら日本国内以上にM&Aの難易度は上がると思います。そういった意味で、①海外にネットワークを有する金融機関とのアライアンス、②戦略投資会社としての視点、③国内事業の強化、の3点を留意点として付言します。

第一に、海外の金融機関を含めて国際ネットワークを有する商工中金などの金融機関や政府の支援機関とアライアンスをしっかり持つことで、情報やサポートが受けられるようにすることが必要です。特に法律、税務、人事管理など独特の慣習や文化もありますし、各国内での支援機関の助けを必要とする場合があるのでこうしたネットワークは不可欠です。

第二に、M&Aには投資家的な視点が不可欠です。特に変動要因や不安定要素が多い海外市場でのM&Aはリスクが大きいはずです。こうしたリスク管理力は「国内のM&A経験」がベースとなるので、まずは国内で経験を積み重ねることも必要でしょう。加えて、M&A後の企業運営には強力なガバナンス力や指導力が要るので、こうした要素も無視できません。

第三は「国内事業の強化」です。結局「M&Aのベースとなる資金」は国内事業のキャッシュフローが中心になります。海外展開をするためには「国内事業を盤石」にするだけでなく、「収益力を高める」必要があるのです。

ここまで見てきたような「成長戦略としてのM&A」だけでなく、国内の再生を図る場合に「海外企業」を活用する視点も必要な時代です。中国をはじめとするアジアの有力企業のなかには旺盛な成長意欲をもって国際的なM&Aや資本提携を志向する企業が少なくありません。国内企業の再生を行う選択肢を拡げるためにも「海外のインベスター」をどう活用するかも「グローバル戦略」のひとつといえましょう。

第20章

自社の弱みと上手に付き合う、良きイネーブラーを持つ

第十三の「突破口（ブレークスルー）」は「自社の弱みと上手に付き合う」と「良きイネーブラーを持つ」の2つです。

中小企業にとって「経営改善」は常に気になるテーマです。経営改善には終わりがないので、傍目から見ると非の打ち所がない企業であっても、当事者は気になる点がたくさんあるものです。そして改善意欲の強い経営者ほど「自社の弱み」を減らしたい、無くしたいと考えています。

しかし、ここでは敢えて「自社の弱みと上手に付き合う」ことを突破口（ブレークスルー）として位置付けたいと思います。

企業再生の現場では、徹底的に根本原因を探求し、それに対してひとつひとつ手を打っていきます。ときには大胆な外科手術を行い、術後は自らのリハビリも求めます。ところが、こうした処方箋にも関わらず会社がうまく再生できない場合があります。筆者はそれを「弱みをなくす弊害」と呼んでいます。

確かに業績が悪化する場合、経営の失敗や体質の劣化に起因することが多いものです。だからといって、悪い箇所を全部が手術すれば治るものでもないのです。それどころか「全体として弱ってしまう」場合があります。これは人間に例えてみれば分かる話です。わたしたち生身の人間で、特に中高年において「体のどこも悪くない」という人は滅多にいないはずです。腰が痛い、歯が悪い、肝臓の数値がどうだ、こんなことを言いながらも案外毎日仕事はしっかりやっているものです。よく「病気と一生付き合っていく」という言葉があります。完治はしないが、ハードランディングを避けつつ、用心しながら毎日の生活はそれなりに楽しく送るという考え方です。

企業経営も似た部分があります。欠点はありながらも良い処を活かしながら経営していた企業が、ちょっとした油断で罠に嵌り、傷を拡げてみるみる業績が悪化するようなケースです。こうした場合に、悪いところを徹底して改善すれば全体も良くなるかというと「YES」「NO」両方なのです。あまりに悪い悪いと言い過ぎて全部を変えすぎると「長所まで失ってしまう」ことがあるのです。

プロトピアの時代には、変化のスピードや振幅についていくことができず、一時的に経営の罠に嵌まり込む企業もあるはずです。そういった場合に「欠点だけに目を向ける」だけでなく「長所にも目を向けて」、全体としてバランスよく改善することが大事なのです。欠点を叩きすぎると中小企業の場合は元気がなくなることが多いのです。欠点を直さないということではありませんが、長所をつぶすことなく処方するという「総合医」的な発想が必要なのです。

次に「良いイネーブラーを持つ」ことです。

イネーブラーはＩＴ用語・経営用語で「力を貸す人」「支え手」といったポジティブな意味で用います。プロトピアの時代は「専門性が高まる」時代でもあります。あるいは多様な着眼点を必要とする時代でもあります。こういった時代に、1社1社の企業の夢を実現するための「伴奏者」を持つことが必要なのです。通常「伴走」という言葉を支援機関などでは使うことが多いと思いますが、敢えて「伴奏」としている理由があります。歌う主役は中小企業であるということ、そして伴奏者は仲間であるということ、伴奏はテクニックも含めて様々なバラエティがあること、こういった意味を包含する意味で「伴奏」としているのです。

したがって「イネーブラー」は口頭で指導だけするような人ではありません。イネーブラーは、応援する企業や経営者の夢の実現に全力で力を貸す人です。それは自らの経営資源や知恵をバラエティ豊かに提供し、寄り添いながら汗をかく人でもあります。

プロトピアの時代に「口だけのコンサルタント」「形式解だけのコンサルタント」は存在感を失うはずです。まさに企業と一体となって企業の未来をより良いものに変えるだけのデッサンとツールを持ち込み、自らの体力や知力を提供できる「イネーブラー」の時代なのです。

このイネーブラー役を誰が務めることができるのでしょう。ずばり「熱く温かなハート」を持ち「高い事業性評価能力」と「解決の知恵やノウハウを提供できる」金融機関がその役を担うことになるはずです。しかしながら、このイネーブラー役が務まる金融機関は多くはないはずです。この3条件を充足するためには、共創共有のお客様目線が必要ですし、経営全般に高い見識が必要です。加えて高度なソリューション提供や問題解決のためのネットワークも必要です。この3条件を充足した金融機関だけが中小企業のイネーブラーとして存在価値を高めることでしょう。

中小企業は、財務戦略の章でも話した通り、こうしたイネーブラーとなりうる金融機関を自らの主力銀行として選択する必要があります。そして、その試金石が「事業性評価」であることは間違いないので、銀行の事業性評価のプレゼンテーションを聞いて判断すると良いと思います。

第21章

ローカル経済圏の課題と突破口（ブレークスルー）

最終章はローカル経済圏に属する中小企業のために「課題と突破口」をお話しして締めたいと思います。

日本の中小企業の大半がローカル経済圏で、地元に根差してビジネスを展開しています。しかし、残念ながらローカル経済圏では様々な問題が起きています。「幽霊商店街・シャッター商店街」「農林水産業の後継者問題」「買い物難民・医療難民」「観光の目玉がなく廃れる旅館街」「過疎化で生活インフラの維持が難しくなった地域」等、数えればきりがありません。

少子高齢化を主因として、一般家庭・企業・行政などあらゆるステークホルダーに影響が出ます。高齢過疎地域がある一方で、都市部への集中は続き、過疎地域の生活インフラ維持が大きな問題になります。生産労働人口の減少や企業の事業継続や成長の制約要因になります。人口の減少は税収の減少につながり、行政の在り方やサービスの変質を余儀なくするはずです。ローカル経済圏の近未来には課題が山積しています。

1 ローカル経済圏における中小企業の課題

それではローカル経済圏に生きる中小企業にとっての「課題」は何でしょうか。大まかに以下の6つが想定されます。

①縮小する市場を乗り越える（販売先を確保する）
②従業員を確保する
③小売業を中心にナショナルブランドに対抗する
④新陳代謝を活発にする
⑤域内経済の活性化のため官民が連動する
⑥次の設備投資に備える

①縮小する市場を乗り越える

人口減少が確実に市場を縮小させ、域内だけに商圏を絞るのであれば販売は確実に減っていきます。したがって「顧客の確保」「売上の確保」が大きな課題となります。人口総量の減少は、税収や消費額全体の低下を意味しますので、一般企業だけでなく地方公共団体の行政サービスを変質させるはずです。こうした行政サービスや公共投資の問題は、地元中小企業にとっても無縁な問題ではありません。

またローカル経済圏の都市集中化率は加速度的に高まりますので、域内での格差も拡大します。人口が少ない地域ほど高齢者率が高いので「買い物難民」「医療難民」といった過疎化問題も避けられません。

②従業員を確保する

生産労働人口の減少が大きいのがローカル経済圏の特徴です。そしてこの傾向は長期的に継続します。したがって、事業継続の前提として「従業員をどう確保するか」が共通の課題となります。

政府は外国人労働者の活用法によって、ローカル経済圏の人手不足に対応しようとしています。しかし、全国で人手不足が慢性化するなかで、外国人労働者といっても確保競争は激しくなるばかりです。結局は、「労働者に来てもらえる会社作り」が共通の課題になるのです。

③ナショナルブランドに対抗する

コンビニやロードサイド店舗を見れば、いまや大手コンビニ企業などのナショナルブランドが全国を席捲しています。従来の地元資本の商店や小売りは、廃業またはナショナルブランドへの転換を迫られ、地方の富が中央に吸い取られる仕組みが強まっています。

ローカル経済圏の商店街や小売業、飲食業などを残すためには「ナショナルブランド」のコストや品質とは別の何かを持つことが必要です。すべてをナショナルブランドに委ねるのか、地元資本の生き残りを図るのか、これも小売業を中心に大きな課題といえましょう。

④新陳代謝を活発にする

ローカル経済圏では「新しいプレイヤーの参入」が少なく、一方「廃業するプレイヤー」の数が増える傾向にあります。「経済のダウントレンド」を止めることが難しい状況です。縮小する市場のなかで「過当競争構造」が続けばプレイヤー全員が体力を消耗し、徐々にプレイヤーの数が減ります。まさにサバイバルゲームが地方経済を疲弊させるのです。

過当競争構造を解消しつつ、新しいプレイヤーの参入を促すことが「新陳代謝」であり、経済を活性化する道でもあります。

⑤域内経済の活性化のために官民が連動する

ローカル経済圏の多くの行政や支援機関が「域内経済の活性化」のため、様々な施策を検討しています。幾つかのローカル経済圏で成功事例も出ているようですが、多くは鳴かず飛ばずの状況といっていいでしょう。

域内経済を活性化することは、ローカル経済圏の命題そのものです。この課題をクリアできなければ、その地域が埋没してしまい、最悪は消滅を余儀なくされるでしょう。地域が一体となって経済活性化に向けた活動をアクティブ化することが5番目の課題です。しかし「一体となる」ことの難しさは多くの人が感じていることです。

⑥次の設備投資に備える

縮小する市場において悩ましいことは「設備投資」の問題です。例えば「旅館・ホテル」といった「箱物産業＋ソフト産業」においては、サービスが素晴らしくても建物・管内設備が老朽化しては全体として良いパフォーマンスを発揮できません。製造業も修繕だけでは対応できない、大きな更新投資が必要となる時期が来ます。

ところが、年々キャッシュフローが先細って行くような状況で大規模な設備投資をすることは勇気を超えて無謀な賭けになってしまいます。あるいは金融機関の審査が通らない場合が多いでしょう。

このようにローカル経済圏において「次の（大きな）設備投資」を行うことは事業継続のうえで大きな課題となります。こうした問題は1社だけで解決できない問題でもあり、何らかの対策を用意する必要があります。ひとつのカギがシェアリング（共有）の考え方です。

2 挑戦する経営

ローカル経済圏の課題に応えるにはどうすればよいのでしょうか。一言でいえば「従来の殻を破る挑戦の経営」ということができると思います。具体的には、次の8つです。

①圏外外貨の獲得（商圏の拡大）
②足の引っ張り合いではなく連携と切磋琢磨
③地域資源の再確認、そして自社の経営資源の再確認
④課題解決型へのビジネスモデル転換
⑤ダイバーシティによる変革
⑥官民の十分な連携とリーダーシップの発揮
⑦デジタル革命の恩恵を活かす
⑧たゆまぬ経営力向上

①圏外外貨の獲得

縮小する市場において「現状の経済圏」で得られるものは減らざるを得ません。やはり「圏外」から売上をあげることを考えなければなりません。商圏の拡大です。

しかし、従来の商圏の外のお金（＝圏外外貨）を得るためには「殻を破る」必要があります。商圏が拡大すれば「ライバル」も増えます。場合によっては自社を超えるライバルもいるでしょう。こうしたライバルに伍して外貨を得るためには「自社の特徴」「自社の強み」をしっかり認識し、磨きをかけていく必要があります。さらに販売チャネルや商品の発信など検討す

べきことは山ほどあります。商圏を拡大するということは挑戦であり、従来と同じことをやっていては突破できません。ここに自社が成長する機会があるのです。

日本全国で市場が縮小するなかで、意欲のある経営者は常に商圏の拡大を考えています。自社で取り組まなくても、隣県や域外の企業が自社の商圏に参入してくる可能性があります。そして、こうした〝嵐〟は突然来るのです。商圏内のライバルが脱落するのを待っていれば生き残れるとは限らないのです。

だからこそ「商圏の拡大」について十分検討する必要があります。近時はハード（設備）を置かなくても、eコマースなどの活用によって商圏を拡大することもできます。あるいは他社とのコラボレーションで商圏拡大を図ることも可能です。外貨獲得の方法はひとつではないのです。

②足の引っ張り合いではなく連携と切磋琢磨

ローカル経済圏で大事なことは「経営者の目線」です。「商売敵」という言葉があるように狭い商圏であれば同業者との争いは熾烈にならざるをえません。しかし市場の縮小が限界点に達すれば、こうした争いも虚しく「共倒れ」のリスクさえあります。つまり「ライバル」という目線から脱却しなければ、次の展開は拓けないのです。

おそらく「事業承継」がこれからのカギとなります。親族外の承継が5割を超える現在、事業承継を起点とする業界再編は加速度的に増加するはずです。つまり「同業者間で事業を承継する」といったことが増えるということです。中小企業の事業承継の特色は「カネだけではない」ということです。特に、事業を売却する側は「想いを託す」という傾向が強いのです。いがみ合っている関係では、こうした承継は難しいでしょう。そういった意味でも、同業者を単なるライバルとだけ見るのではなく、長い目で見た連携を図ることが必要なのです。

近時「地域ブランディング」が増加しています。とりわけ食品業界では「地元名産品」「地域ブランド」をどう作るか、各地域で活発な動きがみられます。例えば「○○焼きそば」といったブランドを創設することで、地域の同業者全体でブランド利益を受益するような仕組み作りです。こういった活動は1社で出来ることではありません。同業者が連携してこそ出来る技なのです。縮小する経済圏で足の引っ張り合いをしても、喜ぶのは圏外の業者だけです。不毛なことに体力を消耗するのではなく、前向きなことに力を注ぐべきです。

そうして地域全体で活性化できれば、次は「自社の独自性」をどう作るかです。こうした一連の活動は「連携」であり、「切磋琢磨」です。全てが前向きで挑戦的な事業活動です。

③地域資源の再確認、そして自社の経営資源の再確認

地方創生が花盛りです。地方創生は「地域資源」の再確認からスタートします。ところが、地域資源を再確認する視点が「均一」で「ありきたり」の場合が少なくありません。「よそ者」

の眼からみると「どの地域も大差がない」という印象を受けることが多いのです。

こうしたことがなぜ起きるかと言えば「同質性」「横並び」の存在です。同じ地域に生まれ育ち生きていれば、自然に目線は均質化します。「方言」はまさに言葉の同質化でしょう。地域資源の再確認が「地元の人の目線」だけで行われてしまうのです。

地域資源を再確認する意味は「域外の人」に利用してもらいたいからです。それを「おらが国自慢」で終わってしまっては意味がないのです。筆者がある県の観光に関する検討会に出席していたとき、地元の人々が「ここの温泉は千年の歴史があり泉質も最高なのに、なぜ東京の人は分からないのかな」という声が出たことがありました。つまり「東京の人は見る眼がない」ということです。そこで筆者は申し上げました。

「東京の人が旅行を計画する場合、予算に応じて『海外旅行』から検討するかもしれない。温泉にしても全国各地に素晴らしい温泉が山ほどある。きれいな山も美しい海もある。選択肢は無限であり、気付かせるだけでなく、魅力を感じさせる何かが必要です」と言うと、すっかり場が白けてしまいました。

近年インバウンドの増加に伴い「思わぬ場所」が目玉になることがあります。地獄谷野猿公苑は、温泉に浸かる野猿の姿が外国では見られないということで外国人が殺到しています。これは「目線の相違」です。地元の人にとっては見慣れた光景が、よそ者には貴重な価値を持つ。地域資源の再確認を行う場合は「目線を換えて」行うことが必要です。「若者、よそ者、馬鹿者」

とは良くできた言葉で、「着眼点の多様性」を示す人材を言い当てています。

ローカル経済圏全体の地域資源の確認とともに「自社の経営資源」を見直すことも「生き残り」には不可欠です。そして、見直しに当たっては「地域資源との連動性」や「地域特質の恩恵は何か」といった視点で行うことが必要です。地域に生きる中小企業だからこそ、「地域にいる意味を問い直す」ことが必要なのです。その意味を確認できれば、新たな力を得ることができるはずです。ローカル経済圏にある中小企業は、自社がなぜここにいるのか、地域とのハーモニーをどう描くか、こういったことが重要な意味をもつことを忘れてはいけないでしょう。

④課題解決型ビジネスモデルへの転換

そもそもビジネスは「誰かの課題解決で成り立っている」ことからすると、敢えて「課題解決型ビジネスモデルへの転換」というのも大袈裟な印象があります。

しかし「ローカル経済圏の課題に応える」「それを新たなビジネスとして根付かせる」という意味で「課題解決型のビジネスモデル」に転換することを明示すべきです。言い換えれば「域内で生まれた新たな問題を解決することで、新たな市場ニーズをビジネスに転換する」といったことです。

買い物難民という言葉が生まれ、過疎地域における高齢者の買い物問題がクローズアップされています。定期的な乗り合いタクシーで対応して、高齢者に喜ばれているといったニュースを聞きます。こうしたニーズも30年前はなかったもので、新たな市場が生まれたといっていいでしょう。

こうしたニーズは年々増加するはずです。北海道の夕張市が財政破綻した話は有名ですが、人口減少に伴い税収も減少すれば「行政サービス」の在り方も見直さざるを得ません。いままで行政が行っていたサービスを民間に移行するとか、そもそも廃止してしまうとか、いろいろなことが起きると思います。

ローカル経済圏に生きる中小企業は、ここにビジネスチャンスを見出すことができます。しかも工夫次第ではビジネスの価値が高まり、大きな成長さえ期待できるのです。そういった意味で、地域の課題に関心を持ち、より付加価値の高い方法で問題解決にあたることが必要です。

買い物難民の共同タクシーというビジネスも単発でやれば「旅客運送業」です。しかも頻度や収益は限定的です。しかし「個人宅に迎えに行く」というシーンを活用すれば、「健康見守り」「配置薬」「牛乳配達」「電灯交換」「買い物代行」「行政の代行」など様々なニーズを付加することができるかもしれません。

あるいは過疎地域にＩＴを活用した様々な行政サービス等を盛り込むことができないでしょうか。高齢者にパッドを配布して、医師組合の当番医師が画面を使った問診を効率的に行うことで高齢者の健康を守る。ウエラブルウオッチを身に着けてもらえば「血圧」「心拍」「睡眠状況」まで把握できます。このパッドを使って地元商店街に対して買い物の依頼ができる。あるいは「何でも相談窓口」と結ぶなど、様々なサービスの展開ができそうです。

前述の通り、ローカル経済圏の課題は増加する一方であり、そうした問題をビジネスに転換する知恵が問われていることを理解し、早めに取り組むことが重要です。

⑤ダイバーシティによる変革

「従来の殻を破る挑戦の経営」といっても正直簡単ではありません。簡単には「殻を破る」ことができないのです。そこでダイバーシティ（多様性）の登場です。本書で繰り返し申し上げている「着眼点の重要性」です。見方が変わらない限り「殻を破る」こともできませんし、「挑戦」など程遠い世界になってしまいます。

ローカル経済圏で「ダイバーシティ」を確保するためには「若者、よそ者、変わり者」を活用することです。若者でいえば「地元大学生」は格好の対象です。地域によっては商店街の活性化に地元大学生の若い目線を活用した事例もあります。地元大学に通っている学生は間違いなく「若者」であり、かつ「よそ者」である場合も多いので貴重な人材です。

よそ者は「全国ネットの金融機関」や「大企業の支店・支社」などにもいます。各地を転勤して全国を知っている人材は意外と少ないものです。筆者も東北・関東・近畿・中国・四国と転勤を重ねましたが、自分自身では気付かないものの「地元銀行とは違う目線を持っている」という指摘を受けることがありました。いろいろな地域を廻っていると「同質性」や「異質性」

に気付くもので、ましてや「短期間に溶け込む」という姿勢でビジネスに取り組んでいるので地元を勉強することも多いのです。地元企業としてこうした知見を活かさない手はないと思います。

変わり者は意外と身近にいます。同質な社会において「少し変わった人」は排除される傾向にあります。社内でも「使えない」といって放置されていたり、「変わり者」として敬遠されていた人材が「異質な目線」を持っていることがあります。これからの時代は、こうした人材も活用することが必要です。

そして何を変革するか。それは「自社で停滞している部分」「固定化している部分」です。あるいは「未来を拓く部分」です。「停滞」「固定」は成長を妨げます。未来を拓くためには打ち破るべき「殻」なのです。こうした「殻」こそが頑強で容易に打破できない壁なのです。ダイバーシティはこれらを打ち破る着眼点を与えてくれます。ダイバーシティを用いた変革が必要です。

⑥官民の十分な連携とリーダーシップの発揮

ローカル経済圏の生き残りには、民間の頑張りだけでも行政だけが旗振りをしてもだめです。地域が活性化しない場合に「不思議の負け」はありません。理由が必ずあるのです。一番の原因は「地域の一体感」です。活性化された地域では「前向きな言葉」が飛び交い、「文句・

悪口」が少ないものです。逆に、活性化できない地域は、皆がバラバラでお互いに不満を抱いていることが多いのです。

地域を興そうとすれば官民がお互いの経営資源を持ち寄り、補完し合いながら総合力で勝負する必要があります。同じ旗を見て、同じ方向に進まなければ全国各地を相手にした熾烈な戦いに勝つことなどできないのです。

地域の一体感を作るためには「官民のコミュニケーション」が不可欠です。多くの地域で「官製」かつ「横並び」の地域創生政策が並んでいるものの、地元企業の乗りはいま一つという場合が多いのです。それは、お互いが地方創生のイメージを共有し、お互いが何を出来るか、やるべきなのかが話し合われていないことが多いからです。あるいは「一部の有力者だけで共有」されているのです。

地域資源の発掘、基本コンセプトの設計、ブランディング、プロモーションなど含めて官民の「対話」と「共感」が必要です。行政が一生懸命旗振りをしても、これらなくして良い結果に結びつくことはないと思います。そして「対話」と「共感」を実現するためには「良きリーダーの存在」が不可欠です。地域を巻き込んで、企業の気持ちをひとつにするためには、リーダーの存在がどうしても必要です。

東日本大震災の直後、復興支援を委ねられた筆者は仙台の地にいました。そこから2年間、復興支援に汗を流すのですが、その時感じたことは「危機時はリーダー次第」ということです。

企業の再建も然り、行政も然りです。良いリーダーがいる組織は、企業も行政も復興は早かったと記憶しています。

これからの地域創生のカギは、官民とも「良きリーダー」の存在です。そういった意味でトップ選びは運命を決めるといってもいいでしょう。官民の良きリーダーが手を携え、腹蔵なく話し合い、お互いの領分で力を発揮できる地域が生き残りを手にすると思います。

⑦デジタル革命の恩恵を活かす

「小売業の生産性」は「人口の集中度」とリンクします。店頭に多くの顧客が来る方が生産性は高まるのが当然です。ところがローカル経済圏においては、こうした大都市圏のような人口の恩恵を受けることができません。

こうした壁を乗り越えるためにも、ローカル経済圏に生きる中小企業こそが「ＩＴの活用」を積極的に行う必要があります。ＩＴは、空間を飛び越え、時間差をなくし、ビッグデータの活用による新たな知恵を創ることができます。詳細は第8章に記載していますので参考にしてください。

いずれにしても「ＩＴ活用」はローカル経済圏の中小企業の生き残りをかけた命題であることは認識していただきたいと思います。

⑧たゆまぬ経営努力

これも敢えて詳細には申し上げません。第7章を参照してください。ただ、ローカル経済圏にあっても経営力の高い中小企業はたくさんあります。一方で、漫然と日々を送っているように見える企業があるのも事実です。地方では「刺激」が少ないこともあって、日常の業務に埋没してしまうリスクがあります。日本中の中小企業が経営に磨きをかけているなかで、後れを取っては勝てるはずがないです。

プロトピアの時代は中小企業にとって有利な時代だからこそ、経営力の発揮がカギを握ります。ローカル経済圏の中小企業こそ徹底した経営力の向上に向けた努力が必要なのです。

むすびに ～生き残る中小企業像～

大阪船場に「扇子の商法」という商哲学があるそうです。商売を永続するための徹底したリスク管理に対する考え方で、攻めるより守ることが難しい、不況の時には扇子のようにサッと畳める準備と心構えが必要だという内容だと記憶しています（詳細は『扇子商法～ある船場商人の遺言～』（和田亮介：中公文庫）をお読みください）。確かに、潰れなければ生き残ることができるというのは真実であり、経営におけるリスク管理の重要性を的確に言い表しています。

一方、本書では「守り」だけではなく、プロトピアの時代に中小企業が生き残るための「突破口（ブレークスルー）」を提示しました。その背景には「プロトピアの時代は中小企業の時代である」という確信を背景に消極的生き残りではなく、「強くなって勝ち残る」という挑戦の道を示したつもりです。確かに厳しい戦いではありますが、経営の壁を自ら突破することができれば「勝ち組」として生き残れるという勝利への道でもあります。

あらためて「プロトピアの時代に生き残るビジネスモデル」を考えますと、

●下請け型製造業においては、成長する親企業と「互恵的パートナーシップ」を築く

●少子高齢化市場で「新たなニーズを的確な形で製品化・サービス化」する
●変質せざるを得ない官公庁の「行政サービスを代替ないし高品質低コスト化で対応」する
●徹底して「地元に密着し地域全体を輝かせながら自らの事業を輝かせる」
●縮小する市場のなかで「M&A等を駆使して業界を再編」し、過当競争構造を解消する
●「海外市場のニーズや海外の課題解決に取り組む」
●きれい、かわいい、かっこいい、おもてなし、アニメ、ファッション等の「クールジャパン型事業」
●「イノベーション志向で業界を変えていく」ゲームチェンジャー
●「SDG'sを経営に取り込み、社会貢献をビジネスと一体化」させる

といったことが頭に浮かびます。問題は、こういったビジネスモデルを自社の経営資源を活用して、特色ある形で実現できるかということです。難しい挑戦ではありますが、楽しい挑戦でもあります。創造的な挑戦でもあります。

プロトピアの時代の経営者は断じて「後ろ向き」であってはなりません。過去に囚われず、前例踏襲を良しとはしない未来志向の発想を持つことが必要です。そして、多様性を恐れることなく、異質を包摂できる度量と豊富な着眼点を持つことです。激動の時代だからこそ「ブレない信念や夢をもつ」ことが大事です。やりたいことがあって、それを実現するためのネット

ワークを構想し、構築することです。プロトピアの時代に生き残る経営者は「明るく挑戦を恐れないダイナミズムのある人」だと信じています。

むすびに、プロトピアの時代に生き残る「企業像」を幾つか示して筆をおくこととします。

1．しっかりとしたヴィジョンを持つ企業

前例踏襲が利かない、手探りで未来を拓く時代だからこそ「ヴィジョン（未来を見通す眼）」が必要です。行きたい、成りたい「自社の像」をしっかりと描くことができる中小企業が生き残るのです。難しく考える必要はありません。シンプルで、社員と一体となれる企業像を描いてほしいと思います。

2．探し物が上手な企業

変化のスピードや振幅が大きく、価値感が多様化する時代だからこそ「市場のシーズ」を探すことができる企業が有利です。市場ニーズの萌芽を見つけるためには、市場にどっぷりと浸りつつ、別の世界や人間の本質を考えられることが必要です。ネットワーク作り、人作り、いろいろな準備をしていきましょう。

3. 社員一人の重みを感じ取れる企業

プロトピアの時代は、生産労働人口が減少する一方でテクノロジーの加速度的発達が見込める時代です。社員一人の価値や重要性が相対的に高まる一方で、「人を選ぶか、機械やITを選ぶか」といった選択肢も増えるはずです。仕事に着眼して選択するだけでなく、ビジネスの意味を考えながら「社員」という人間を見つめ、役割を考えられる企業が生き残る企業となるはずです。

4. 良い仲間をもつ企業

IT業界ではパイオニアが独占的な利益を得られるという話がありますが、プロトピアの時代は「連携」の時代であることを忘れてはいけません。着眼点や知恵が大事になる時代だからこそ「個性」を持ち寄ることが必要なのです。良い仲間を持てる企業は成長できる企業だと思います。

筆者は一人のバンカーとして、中小企業の良きイネーブラーになりたいと思っています。良い仲間と認めてもらえるようなハートを、燃える魂を持ち続けたいと思います。

5. たゆまぬ経営力向上に努める企業

いつの時代にも変わらぬ真理があるとすれば「たゆまぬ経営力向上が会社永続のカギであ

る」ということではないでしょうか。しかしこれほど難しいこともないのです。本書をお読みの経営者が、自らの目標を定め、既往の殻を打ち破るような力強い経営を実現することを願っています。

最後に本書を入門テキストとして、多くの中小企業者がプロトピアの時代を正しく認識し、中小企業にとってより多くのチャンスがあることを知っていただきたいと思います。そして、プロトピアの時代を勝ち残るために、自社の特長を再検証し、14の突破口（ブレークスルー）のいずれかを選択し、挑戦してほしいと思います。

プロトピアの時代は、まだ始まったばかりです。本書を読んだ中小企業が一社でも多く生き残ることを願っています。

【著者略歴】

青木　剛（あおき つよし）

株式会社商工組合中央金庫　常務執行役員
経営ソリューション本部　本部長
（公益財団法人日本生産性本部　認定経営コンサルタント）

1961年　栃木県生まれ
1985年　早稲田大学卒業後、商工組合中央金庫（現　株式会社商工組合中央金庫）に入庫。
以降、中小企業の融資業務に長く従事。東北・関東・近畿・中国・四国といった全国各地での勤務経験を有し、５店舗10年以上の支店長職を歴任している。とくに、東日本大震災直後に仙台支店長に就任。被災企業の復興支援やビジネスモデルの再構築に数多く携わるなど、中小企業に徹底して寄り添う姿勢を貫いている。また、各地において地方創生委員などの公職を歴任、地方創生や中小企業振興に関する提言を行ってきた。
2017年　一般財団法人商工総合研究所の専務理事に就任。中小企業専門のシンクタンクとして中小企業の経営・金融や一般経済情勢の研究や講演を数多く行った。
2019年４月より現職に就任。中小企業に対するソリューション提供、全国の営業店のサポートを行っている。

（講演実績）

「人手不足時代到来！　～労働生産性を軸とする経営戦略～」

「経営の針路　～激動の時代を生き抜く突破口～」

「ローカル経済圏の変貌と近未来、そして課題解決の方向性」

「占うシリーズ（2019年を占う他）」

「中小企業のための事業承継のポイント」

「最近の経済金融動向と資金調達のヒント」

「経済徒然草　～米国経済を中心に気になるあれこれ～」

「金融機関の王道を行く　～事業性評価を起点とする経営総合支援サービス～」

ほか多数

（寄稿・論文）

「今後10年を見据えて中小企業が取り組むべき労働生産性の向上について」

「支店長のための事業性評価と課題解決型営業のポイント」

「中小企業の災害復興に果たす金融機関の役割」


（著書）

『事業性評価と課題解決型営業のスキル』

2019年7月3日　第1刷発行

経営者の条件
―プロトピアの時代に生き残る中小企業―

© 著　者　青　木　　剛
発行者　脇　坂　康　弘

発行所　株式会社 同友館
〒113-0033 東京都文京区本郷 3-38-1
TEL. 03(3813)3966
FAX. 03(3818)2774
URL https://www.doyukan.co.jp/

三美印刷／松村製本所
落丁・乱丁本はお取替えいたします。
ISBN 978-4-496-05422-8